プレゼンテーション概論

実践と活用のために

柴岡信一郎
渋井二三男

［著］

朝倉書店

まえがき

　近年，大学・専門学校・企業などでプレゼンテーションソフトを使用した発表の機会が増えてきています．パソコンは使えていて当たり前という時代になってきました．プレゼンテーションのノウハウを習得することは，社会で活躍する上で大きなスキルとなるでしょう．

　そこで本書は，初めて学ぶ人でもわかりやすい，アニメーション機能まで含めて説明している教科書となっており，誰でも利活用しやすいようにしました．プレゼンテーションの基礎理論，導入法，Microsoft社のPowerPoint 2010を中心に活用方法が紹介されています．細かな部分まで示し，一つ一つの機能がわかるように書き上げました．同社PowerPointの他のバージョンでも，本書の使用法で基本的にはある程度使用可能となるように工夫されています．

　本書は大学・専門学校の学生ばかりでなく，ポスターセッションの方法，スライド作成法など，社会人にも役に立つ利活用情報が満載の教科書です．

　本書の利活用で，皆様からプレゼンテーションが面白くなった，使えるようになったという声を聞くことができれば何よりの喜びであります．

　朝倉書店編集部には原稿作成から編集まで，本書の制作全般でご指導をいただきました．

　中尾和子氏には原稿に合わせたイラストの提供をいただきました．

　本多　航氏には解説図の作成でお世話になり，ここに深く感謝申し上げます．

まえがき

　また，本書の制作にあたり，ご指導・ご協力いただいた多くの方々に感謝を申し上げます．

　2012 年 3 月

柴岡信一郎
渋井二三男

目　　次

1. プレゼンテーションの基礎理論 …………………………………… 1
   1.1 プレゼンテーションとは　1
   1.2 プレゼンテーションの重要性　2
   1.3 プレゼンテーションの形態　2
   1.4 プレゼンテーションの構成　3
   1.5 プレゼンテーションの方法　5

2. 話し方，分かりやすい伝え方，見せ方 …………………………… 7
   2.1 表現することの重要性　7
   2.2 見　せ　方　7
   2.3 間の取り方　8
   2.4 ワンフレーズとキーワードの列挙　10
   2.5 箇条書き話法　12
   2.6 用語の統一　12
   2.7 非言語でパワーを示す　12
   2.8 アイコンタクト　13

3. 双方向のコミュニケーション ……………………………………… 14
   3.1 コミュニケーションの重要性とその活用　14
   3.2 信頼関係の構築　15
   3.3 ペーシングによる安心感・信頼感の醸成　15
   3.4 相づち・くり返し・共感・承認　16
   3.5 質問のスキル　18

目　次

4. プロモーションへ ……………………………………………… 19
　4.1　プロモーションへつなげるには　19
　4.2　マーケティングの重要性　19
　4.3　売り手・買い手の視点　20
　4.4　20：80の法則と経営戦略　21
　4.5　商品・サービスの差別化　22
　4.6　ターゲティング　23
　4.7　購買の心理　24
　4.8　ブランドの定義と要素　25

5. ポスターセッション ……………………………………………… 27
　5.1　ポスターセッションのねらい　27
　5.2　ポスターのつくり方　28
　5.3　ポスターの貼り方　39
　5.4　魅力的なプレゼンテーション　42
　5.5　ポスターセッションの事例　43

6. スライドをつくってみよう（1） ……………………………… 48
　6.1　PowerPointの開き方・閉じ方　48
　6.2　PowerPointの画面構成　51

7. スライドをつくってみよう（2） ……………………………… 52
　7.1　文字を入力してみよう！　53
　7.2　スライドの追加　54
　7.3　図形を挿入してみよう！　56
　7.4　保存の仕方　58
　7.5　チャレンジ1　59

目　次

8. スライドをつくってみよう（3） …………………………………………… 61
   8.1　保存したファイルを開いてみよう！　62
   8.2　デザインを変えてみよう！　63
   8.3　スライドごとにデザインを変えてみよう！　64
   8.4　チャレンジ2　66
   8.5　段落番号を付けてみよう！　67
   8.6　段落のスタイルを変えてみよう！　68
   8.7　チャレンジ3　71

9. スライドをつくってみよう（4） …………………………………………… 72
   9.1　クリップアートを入れてみよう！　73
   9.2　写真を入れてみよう！　75
   9.3　画像を編集してみよう！　77
   9.4　チャレンジ4　81
   9.5　画像を編集してみよう！（発展編）　82
   9.6　チャレンジ5　85

10. スライドを動かしてみよう ……………………………………………… 86
   10.1　画面切り替えに効果を入れてみよう！　87
   10.2　スライドごとの時間を設定してみよう！　88
   10.3　アニメーションで文字を動かしてみよう！　89
   10.4　アニメーションで画像を動かしてみよう！　92

11. 高度なスライドをつくってみよう ……………………………………… 96
   11.1　文字の色を変えてみよう！　97
   11.2　文字の大きさを変えてみよう！　100
   11.3　その他のフォント設定を覚えよう！　102
   11.4　背景の色を変えてみよう！　102
   11.5　チャレンジ6　107

目　次

12. スライドに図を入れてみよう ……………………………………… 109
　12.1　図を挿入してみよう！　　110
　12.2　文字の入力・色の変更をしてみよう！　　112
　12.3　図の編集をしてみよう！　　119
　12.4　文字の色・大きさを変えてみよう！　　124
　12.5　ボックスの色を変えてみよう！　　129
　12.6　図形のその他の機能　　133

13. スライドに表を入れてみよう ……………………………………… 135
　13.1　表を挿入してみよう！　　136
　13.2　表に文字を入力してみよう！　　137
　13.3　表をアレンジしてみよう！　　141

14. いろいろな機能を試してみよう …………………………………… 144
　14.1　音楽・効果音を挿入してみよう！　　144
　14.2　ビデオを挿入してみよう！　　148
　14.3　リハーサル機能を使ってみよう！　　151

　おわりに　　152
　索　　引　　153

1 プレゼンテーションの基礎理論

Presentation

◆学習のポイント
・プレゼンテーションの定義,重要性,形態,構成,方法論を学びます.

1.1 プレゼンテーションとは

プレゼンテーションとは,「相手に自分の構想や計画,提言,提案を伝えること」です.

プレゼンテーションと聞くと,大勢の前でスポットライトに照らされた壇上に上がって話をする場面を想像する方が多いかもしれません.しかし,プレゼンテーションはそのような大掛かりなものだけではなく,私たちの身近な日常の中に存在するものです.

プレゼンテーションとは
☞ 相手に自分の構想や計画,提言,提案を伝えること

例えば,職場で忙しい上司と立ち話でミーティングをするとしましょう.その際,短時間でポイントを絞って報告・提案・相談をしなくてはなりません.これらも立派なプレゼンテーションです.

街中で偶然,得意客と遭遇したとしましょう.その際,せっかくなのでただ挨拶するだけでなく,「○○に関するご提案をしたいので改めて伺います」と手短に瞬時にプレゼンテーションをしなければなりません.

1. プレゼンテーションの基礎理論

就職活動の採用面接では、短時間で手際よく自己PRするプレゼンテーションが必要です。

特に社会人は状況に応じたプレゼンテーション法を身に付けてビジネスを成功させたいものです。営業職に限らず、プレゼンテーションは成功する社会人の必須条件とも言えます。

1.2 プレゼンテーションの重要性

ビジネスの世界では、適切な情報を適切に相手に伝えることが大切です。どんなに素晴らしいものがあっても、その素晴らしさが適切な形で相手に伝わらなければないも同然です。見方を変えると、平凡なものであっても、相手への伝え方を工夫することで、素晴らしいものとして評価される場合もあるでしょう。だからこそ、プレゼンテーションは重要なのです。

営業業務に限らず、日々の社内業務においてもプレゼンテーションは大切です。上司や同僚へのちょっとした「報告・連絡・相談」でも、明確で適切なプレゼンテーションを行うことで、職場内で信頼が高まり、立ち位置も向上することでしょう。プレゼンテーション能力を高めることで、職場内で「あの人に任せたい」「あの人の話を聞いてみたい」という、あなたを支持する人が増えるはずです。

1.3 プレゼンテーションの形態

プレゼンテーションには、廊下での1対1の立ち話から、壇上で大勢の前で演説するものまで、小規模・中規模・大規模、様々な形態があります。

1人を相手に

複数名を相手に

数十名を相手に

大勢を相手に

1.4 プレゼンテーションの構成

　情報収集を行い，背景と論法，結論をまとめたら，次に，それらをどのような順序で説明するかを決めます．我が国では長らく「起承転結」型の発表が主流を占めていましたが，ここでは「結論を先に述べる」型で説明を進めます．

　結論を先に述べる形態のプレゼンテーションでは，冒頭に説明の流れを説明し，その中で結論を明示します．相手は「これからこんな話があるんだな」とイメージが膨らむでしょう．

1. プレゼンテーションの基礎理論

　一方,「起承転結」型のプレゼンテーションでは結論が最後に示されるので, 発表中, ずっと緊張して聞かなければならず, また, 最後まで聞かなければわからず, 長時間になればなるほど集中力が落ちてしまいます. それどころか, ダラダラした説明で最後まで聞いても何が言いたいのかわからない発表になれば, プレゼンテーションとしては失敗です.
　提案, 提言, 商談, 自己紹介いずれにせよ, プレゼンテーションでは次の事項に努めましょう.

```
短時間で行う
ポイントを絞って行う
欲張って多くなり過ぎない
```

　次に, 提案・提言におけるプレゼンテーションの構成の例は次の通りです.

・タイトル, 氏名, 所属
・背景, 目的
・方法
・結論
・考察
・まとめ

　商談におけるプレゼンテーションの構成の例は次の通りです.

・タイトル, 氏名, 所属
・自己紹介
・背景, 課題

- 解決策
- 特徴
- 価格，サービス
- 購入の勧め

　ここで確認しておきたいことは，プレゼンテーション担当者の自己紹介の重要性です．たとえば，経理業務関連のプレゼンテーションで，担当者の前職が経理職であることを告げれば「数字に強い」というブランドが付与され，プレゼンテーション自体の信頼性が増します．自己紹介は嫌味にならないよう冒頭に短い時間で行いましょう．

　また，相手に沿った，好みに合わせた見せ方も大切です．経営者，管理職，同僚など，相手の立場によってプレゼンテーションの方法も異なります．

1.5 プレゼンテーションの方法

1.5.1 相手のニーズ

　プレゼンテーションでは見栄えのよい発表を目指すのはもちろんですが，成功には相手のニーズを考慮する必要もあります．どんなに素晴らしい内容であっても，ニーズがなければ"絵に描いた餅"となります．

　たとえば，相手が当該領域の経験も知識も少ない場合は，難しい用語は避け，かみ砕いた初歩的な内容から始めます．また，説明する量が多過ぎると消化不良となってしまいます．

　相手が経営者の場合，崇高な理念や詳細な技術論よりも，具体的な経営事例や金銭面のメリットを単刀直入に伝えることが優先されるでしょう．

1. プレゼンテーションの基礎理論

1.5.2 時間を絞る

プレゼンテーションの目的は，「相手に自分の構想や計画，提言，提案を伝えて理解してもらい，承認を得ること」です．よって，プレゼンテーションでは，ニーズのポイントを絞り，時間を絞り，ピンポイントで提言・提案を行います．

なぜならば，相手の決済権限者は色々な案件を抱えていて忙しく，のんびりプレゼンテーションできる状況にはないことを想定しなければならないからです．忙しい相手に対して，膨大な資料を提示し，長時間にわたって熱弁を振るうのは避けましょう．

また，相手に，「今日の夕方に改めて説明してくれ」と指示されるかもしれません．限られた状況下で時間を絞ってプレゼンテーションを行う臨機応変な適応力を身に付けたいものです．

プレゼンテーションの目的

☞ 相手に自分の構想や計画，提言，提案を伝えて理解してもらい，承認を得ること

1.5.3 ポイントを絞る

プレゼンテーションではポイントを絞って発表を行います．発表者は，これまでの苦労や経緯，工夫した点の細部など，伝えたいことがたくさんあるでしょう．

しかし，あれもこれもと積み込んで多くの情報量を伝えると，相手は消化不良を起こしてしまい，結局，伝えるべき重要な情報を伝えられないままプレゼンテーションが終わってしまうことがあります．情報量は多過ぎると，伝えるべき核心の情報が埋没してしまうのです．

2 話し方，分かりやすい伝え方，見せ方
Presentation

◆学習のポイント
・プレゼンテーションにおける表現することの重要性，見せ方，伝え方を学びます．

2.1 表現することの重要性

　私たちの日常生活において"表現すること"はきわめて大事なことです．どんなに素晴らしい商品があっても，その情報が適切な形で顧客に伝わらなければ，ないと同然なのです．素晴らしい働きをするサラリーマンがいたとしても，上司や同僚たちにその素晴らしい働きぶりを表現し，認識させないと，昇進や栄転につながらないかもしれません．自分に有利な情報は，上手く表現して活用しましょう．

　その際，"背中で見せる"こともよいですが，やはり，プレゼンテーションが有効でしょう．特に社会人は職場の内外で小さなプレゼンテーションを繰り返し行うことで，自身の立ち位置が向上します．プレゼンテーションを日常的に自然にできる人は，前向きな仕事をしていると評価されます．積極的にプレゼンテーションを行いたいものです．

2.2 見せ方

　プレゼンテーションでは，その内容とともに相手に与える"印象"も大切です．私たちが人と会った際に受ける印象は，どこから受けるのか

2. 話し方，分かりやすい伝え方，見せ方

考えてみましょう．

実は，「話の内容」7％，「話し方」38％，「見た目」55％の割合で人の印象は決まるとされています（メラビアンの法則）．すなわち，プレゼンテーションでは服装，しぐさ，表情，視線などからなる「見た目」によって多くが判断されてしまうのです．しっかりとした服装で堂々としたしぐさ，表情，視線でプレゼンテーションを行えば，それだけで十分な見せ方となるでしょう．

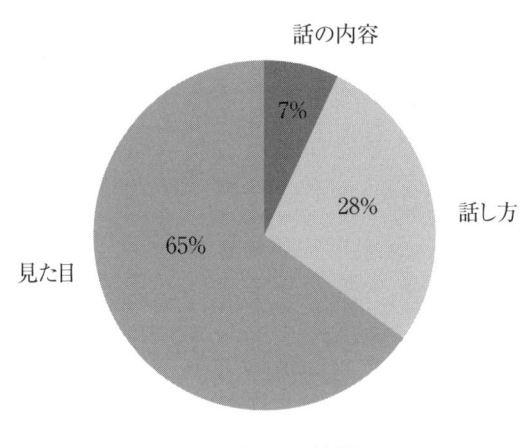

メラビアンの法則

2.3 間の取り方

上記のメラビアンの法則によると，プレゼンテーションでは話し方も重要なコミュニケーションツールとなります．老若男女を問わず，話し方は訓練次第で上達します．ここでは話の"間"について紹介します．

プレゼンテーションやスピーチで，1センテンスごとの間をほとんど取らずに話し続ける方を見かけたことがあるでしょうか．この場合，話す速度が遅かったとしても，センテンスの連続が続くと，相手は話を聞き取れず，内容を理解しにくいのです．

これを避けるために，センテンスごとに適度な間を取ると，相手は

間（ま）の間（あいだ）に頭を整理できるので聞き取りやすくなり，内容が理解できます．加えて，相手は間の間に，次の話への興味を抱くので，相手を惹き付け続けることができます．

ただし，1センテンスごとに間を取ると話すリズムが悪く，また，話す速度も遅くなるので，間を取るのは2～3センテンスごとでいいでしょう．

また，重要なプレゼンテーションの際，担当者は多少の緊張があるでしょう．過度な緊張の対応策としても，話の間は有効活用できます．担当者は間を取っている数秒の間に，次に話す内容の確認をすることで余裕が持てるのです．

さらに，間の間に，話す速度の調整，相手の理解度の確認，相手の表情の確認を行うことで冷静な自分を保つことができます．

話し手	聞き手
話す速度の調整	頭を整理
相手の理解度を表情から確認	聞き取りやすい
相手の表情の確認	内容を理解しやすい
冷静さを保つ	次の話への興味が湧く
次の話への準備	
"ため"を作って相手を引き付ける	

次に間の取り方の例文を示します．

　　現在，どこの会社も人材の有効活用に工夫をこらしています．そこで，弊社のコンピューターシステムを導入することで，人員の削減が可能となり，その分，他の業務に力を注ぐことができます．【間】理由はこのコンピューターシステムが顧客情報を一元管理し，顧客情報の抽出が簡単にできるからです．具体的な特徴を3つご紹介します．【間】一つ目は…

このように，間は話の波に合わせて，または相手をぐっと惹き付けて次の話を展開したいときに取るといいでしょう．

最後に，話す際の注意したい点として，「え～」「あの～」「～の方…」は控えましょう．これらは話の"雑音"であり，多ければ多いほど，話の核心が相手に伝わりにくくなります．これらは間の沈黙を怖がるとつい言ってしまうので，間を怖がることなく，有効活用しましょう．

2.4　ワンフレーズとキーワードの列挙

プレゼンテーションにおいて，力強いメッセージを発信するにはワンフレーズの言葉とキーワードの列挙が効果的です．プレゼンテーションの担当者は聞こえがいい自分なりのワンフレーズを持っておくとよいでしょう．そして，自分が主張するワンフレーズを繰り返し使うことで強いメッセージの発信が可能となります．

次に過去話題になったワンフレーズの例を示します．

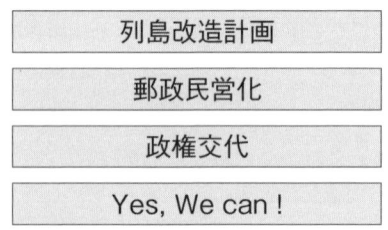

次にキーワードの列挙を紹介します．前に述べた通り，プレゼンテーションの目的は，「相手に自分の構想や計画，提言，提案を伝えて理解してもらい，承認を得ること」です．よって，プレゼンテーションでは，ニーズのポイントを絞り，ピンポイントで提言，提案を行います．これらに適した手法として，キーワードの列挙があります．これは話の中でキーワードを小気味よく列挙し，相手が理解しやすいように整理して話す手法です．次に例を示します．

2.4 ワンフレーズとキーワードの列挙

> 痛みを恐れず，既得権益の壁にひるまず，過去の経験にとらわれず，『恐れず，ひるまず，とらわれず』の姿勢を貫き，21世紀にふさわしい経済・社会システムを確立していきたいと考えております．

（第115回国会小泉純一郎首相の所信表明演説，2001年5月）

　この例では，3つのキーワードの末尾がいずれも「ず」であり，似た音のキーワードの列挙により，リズミカルなセンテンスとなっています．さらに，重要でない音（そして，いわゆる，すなわち，など）が一切ないので，相手に伝えるべき重要なキーワードがクローズアップされ，相手に伝わりやすくなるのです．

　次に聞きづらい例を挙げます．これでは聞き手の耳には残らないでしょう．

> え〜，痛みを恐れず，え〜，そして，既得権益の壁にひるまずですね，それで，あの〜，過去の経験にもとらわれず…

2. 話し方，分かりやすい伝え方，見せ方

2.5 箇条書き話法

　プレゼンテーションでは，だらだらとしたリズムで話を始めると，相手は瞬時に聞きたくなくなります．相手に反感を持たれると，中身がどんなに素晴らしい話でも，その先は聞いてもらえなくなるのです．

　そこで，相手の頭を整理し，興味を惹かせる手法に箇条書き話法があります．箇条書き話法では，伝えるべき事柄を一つずつ順番に発表することで，相手の理解を深めます．

　次に例を示します．

　例　今から話すのは２点です．第一は○○について，第二は△△についてです．まず，○○は…

　例　海外での新規事業計画に賛成します．賛成の理由を３つ，順を追って説明します．第一は…

2.6 用語の統一

　プレゼンテーションでは，表現や用語を統一します．たとえば，前半では「職員研修」と言っていたものが，後半には「スタッフ講習」にすり替わっていることがあります．その他に，「私ども・弊社」「収益・利益」「計画・プラン」などがあります．

　表現・用語を統一することで，相手はイメージが連想できます．一方，統一されていないと，バラバラでキーワードごとの関係を認識できず，話の流れがつかみにくくなります．

2.7 非言語でパワーを示す

　先に述べた通り，「メラビアンの法則」を踏まえると，プレゼンテーションでは，服装，しぐさ，表情，視線などからなる「見た目」によっ

て多くが印象付けられます．

　具体的には，服は高級品でなくても良いのでしっかりと着こなしをして，自然な笑顔と手振り身振りとともに，一文一文区切って語尾をはっきり発音し，視線は左右均等に振り分け，余裕度，パワー，若さを演出すると良いでしょう．

　原稿に視線を落としたまま，手振り身振りもないプレゼンテーションでは，躍動感がなく，熱意や思いは伝わりにくいのです．

2.8　アイコンタクト

　人は見られたと思うと相手に信頼感を抱きます．よって，プレゼンテーションでは，聴衆に視線を合わせ，アイコンタクトをして，相手全員の顔を見ながら話すのが理想です．伏し目や天井を見て話すのは，相手との距離を生んでしまい，信頼感が生まれにくくなります．伏し目で原稿に視線を落とし，仏頂面でのプレゼンテーションは絶対に避けましょう．

　大勢を相手とするプレゼンテーションでは，聴衆席に向かって左右均等に視線を送り，それに合わせて体の向きを左右に変えます．

　アイコンタクトは，「時間の長さ」と「強さ」のバランスを考えながら，長過ぎず強過ぎず，行いましょう．

3 双方向のコミュニケーション
Presentation

◆学習のポイント
・プレゼンテーションにおける双方向のコミュニケーションの重要性とその活用法を学びます

3.1 コミュニケーションの重要性とその活用

　プレゼンテーションは一方的な情報発信だけでなく，双方向のコミュニケーションも含まれます．ビジネスシーンでは，商品・サービスの説明と合わせて顧客のニーズを聞き出すことが必要です．その際，双方向のコミュニケーションが展開されます．

　また，せっかく優れた商品を安価で顧客に提供することができるにもかかわらず，それを売る営業マンがコミュニケーション能力に乏しければ，売り上げは伸びないでしょう．同じように，優れた知識や技術を持った社会人も，コミュニケーション能力が欠如していたら，社会で活躍することは難しいでしょう．

　双方向のコミュニケーションの基本的な技術を学ぶことは商談，ビジネス交渉，上司・部下との連携において役立ちます．これらの技術は，新社会人から経営者までだれもが活用することで，個人や組織を成功に導くことができます．双方向のコミュニケーションはビジネスシーン以外でも応用できるものであり，人との信頼関係を築くという基本を学ぶことで，新たに有意義な体験ができるでしょう．

3.2 信頼関係の構築

　双方向のコミュニケーションを学ぶにあたって，まず前提となるのが人との信頼関係です．人とのつながりを大切にすることで良好な人間関係が生まれると，ビジネスは広がりを持てます．反対に人とのつながりを疎かにすると，高度な知識・技術があってもビジネスを発展させることはできません．

　プレゼンテーションでは，まず始めに相手との信頼関係を築くことを心掛けましょう．信頼関係を築くことにより，相手の聞く姿勢を引き出し，円滑なプレゼンテーションが可能となります．この信頼関係を築く方法こそが，双方向のコミュニケーションなのです．

　信頼関係を構築した上でのプレゼンテーションにより，目標達成や問題解決が可能となるでしょう．

　したがって，プレゼンテーションの成功には，プレゼンテーションを行う前，あるいは普段から相手との信頼関係を築いておくことが必須です．

3.3 ペーシングによる安心感・信頼感の醸成

　私たちの発想や思想は，様々な人々との会話やメディアに接することによって醸成されます．私たちは多様な立場や地位の人と接触して，頭の中で情報を整理することで色々なことに気付きます．それでは，この「気付き」を生むコミュニケーションについて考えましょう．

　気付きを生むにはとにかく会話をすることが大切です．そして会話を円滑にするには相手に安心感や信頼感を植え付ける必要があります．こうした安心感や信頼感を醸成するのに必要な技術として「ペーシング」があります．ペーシングとは，声の調子や話す速さ，言葉遣い，姿勢を相手に合わせることで相手の緊張を解き，安心感や信頼感を持たせる技法です．相手の心を開くには，あなたと同じ感情で話を聞いていますよ，

という姿勢を見せることが大切です．この「同じ感情」を示すためにペーシングは有効な方法となります．

3.4 相づち・くり返し・共感・承認

双方向のコミュニケーションにおいて「聞く」ことはきわめて大切です．聞き上手な人はただ単に人の話を聞くのではなく，「あなたの話を関心を持って真剣に聞いていますよ」という姿勢を示し，話し手が話をしやすい，話したくなる環境を作り出します．そのような環境を作り出すのに有効な方法として「相づち」があります．私たちは相手の絶妙な相づちによって話が促進した経験があるでしょう．相づちは会話が円滑に進むための潤滑油となりえます．相づちには状況に応じて使い分けるいくつかの表現があります．「はい」「なるほど」は同意を表し，「そうですか」「すごいですね」は驚きを示します．「それで？」「それから？」は話を進める表現，「本当ですか？」「そうですか？」は疑問を示す表現です．どの相づちも相手の話を弾ませる，引き出す効果があるので適材適所で用いましょう．

次に紹介するのが「くり返し」です．これは会話で相手が話したキーワードを即座にくり返す方法です．相手が話したキーワードをおうむ返しすることで反応を示し，相手に傾聴していることを伝えます．

　Aさん「彼は○○だと思います」
　Bさん「おっしゃる通り，○○ですね．」

　Cさん「明日は○○です」
　Dさん「なるほど，○○ですか」

次に共感と承認を紹介します．相手との信頼関係構築を図る手法の一

つに，相手の感情に理解を示す「共感」があります．

　Aさん「いやー，毎日朝早くから夜遅くまで，本当に疲れるよ．」
　Bさん「本当に大変そうだね．疲れてしまうよね．」
　Aさん「周りの人にも少しは手伝ってもらいたいよ．私一人でやるには大変だからね．」
　Bさん「なるほど，それは手伝ってもらいたいね．どうするべきか，一緒に考えよう．」

　人は相手に共感されたと感じると，安心して話を促進させます．よって，共感を示すことで，相手の本音を読み取ることができます．
　前記の会話例ではBさんが共感を示すことで，Aさんの「周りの人にも少しは手伝ってもらいたいよ．私一人でやるには大変だからね．」という本音を引き出すことができました．
　また，相手に称賛・認知を示すコミュニケーション技術に「承認」があります．人は誰でも他人から認められたいという欲求を持っています．承認は，その人の存在・価値を認め，「あなたのことを見ていますよ」という感情を伝えて信頼関係を築く手法です．
　ここで注意したいのは，承認は「評価」ではなくありのままの「事実」を伝えます．プロ野球の名選手に，「野球が上手いですね」と褒めるのは何とも滑稽です．同じように，著名な文筆家に，「文章がお上手ですね」と称えたらおかしいでしょう．
　承認には次の例が挙げられます．

　同僚に対して「いつも笑顔だね」
　同僚に対して「赤いネクタイだね」
　部下に対して「朝早く出社しているね」

3. 双方向のコミュニケーション

子供に対して「いつも遅くまで部活動の練習をしているね」

3.5 質問のスキル

これまでいくつかの双方向のコミュニケーション技術について説明しましたが，最後に「質問」を紹介します．

　Aさん「いやー，最近忙しくてね．」
　Bさん「そうですか．何が忙しいのですか？」
　Aさん「○○のプロジェクトリーダーになったから，連絡・調整業務で忙しいよ．」
　Bさん「リーダーは大変そうですね．」

この例では，Bさんが質問をしたことで，AさんはBさんに「○○のプロジェクトリーダーになったから，連絡・調整業務で忙しいよ．」という情報を提供しました．質問は相手からの情報や本音を引き出すことができる貴重な技術です．

一方で，無機質な質問を続けると「尋問」になってしまい，相手は警戒するので，質問は共感や承認を交えながら会話を進めましょう．

4 プロモーションへ
Presentation

◆学習のポイント
・プレゼンテーションをいかにプロモーションへつなげるかを学びます．

4.1 プロモーションへつなげるには

　プレゼンテーションとは，「相手に自分の構想や計画・提言・提案を伝えること」です．

　本書で紹介するプレゼンテーションは，様々な社会活動において活用できます．ここではビジネスシーンを念頭にして，プレゼンテーションをどのようにしてプロモーションへつなげるのかを考えましょう．

　今日のように情報が手軽にたくさん手に入る時代だからこそ，効率のよいプレゼンテーションは重要度を増します．ところが，どれだけの社会人がプロモーションにおけるプレゼンテーションの意味を正しく認識しているか，少々心もとない気がします．

　プロモーションは顧客の趣向や価値観に基づく以上，日々変動が余儀なくされます．だからこそ，マーケティングの標準を踏まえた上での合理的なプレゼンテーションを理解しておくことは大切です．

4.2 マーケティングの重要性

　今日，百貨店の電化製品や家具，衣類，日曜雑貨コーナーには高品質で素晴らしい機能を持った製品が所狭しに並んでいます．自動車販売店

4. プロモーションへ

では燃費がよく，洗練されたデザインで，充実した備品の新車が揃っています．どの産業にせよ，高品質・高サービスの販売を目指すことは当たり前です．ではよい商品を作れば売れるのかというと，必ずしもその通りではありません．よい商品をつくっても，客に知ってもらわなければ意味がありません．客が知らなければないに等しいのです．よい商品を作った会社よりも，商品の存在を客に伝えること（宣伝，PR）が上手い会社の商品の方が利益を得ているのが現実です．

また，どんなによい商品であっても客が必要としているものでなくてはいけません．ニーズがない商品は売れません．

よって，商品を売るにあたっては，商品の様々な要素を考察して販売促進を促す「マーケティング」が重要なのです．

マーケティングの定義は，「商品の販売やサービスなどを促進するための活動」であり，市場動向に加えて，製品・価格・広告・販売・経路などを横断的に調査することも含まれます．

4.3 売り手・買い手の視点

マーケティングを学ぶにあたって，「マーケティングの4P」と呼ばれる4つの基本項目について理解しましょう．この4つの項目が複合的に絡み合って，商品が売れるか売れないかが決まります．

内容（Product）
流通（Place）
価格（Price）
販売促進（Promotion）

「内容」は量や品質・特徴，「流通」は輸送や在庫・店舗の立地・品揃え，「価格」は価格・支払い期限，「販売促進」は広告や店舗販売・接

客・パブリシティーなどを意味します．

　マーケティングでは，この4項目を考慮した上で，ターゲット（顧客）に合わせた適材適所の商品を作り販売します．

　たとえば，男性客が多い競艇場内に女性用化粧品の広告看板が掲げられることはないでしょう．中学・高校生向けの漫画雑誌に高齢者向けの商品広告が載ることもないでしょう．また，スキー・スノーボード用品は夏季には売れず，冬季のシーズン到来とともに広告宣伝がスタートします．

　誰にどのような商品を売るかによって，売り手は商品の内容，販売する場所，価格，品揃え，販売促進を考えます．

　一方，買い手の視点としては，「マーケティングの4C」があります．

| 価値（Customer Value） |
| コスト（Cost） |
| コミュニケーション（Communicaiton） |
| 利便性（Convenience） |

　「価値」は顧客にとっての商品価値，「コスト」は価格・割引率，「コミュニケーション」はアフターケア・保証・商品情報・販売員の対応力，「利便性」は入手しやすさ・店舗へのアクセスなどです．

　商品を売るには売り手・買い手，双方の視点を認識した上でのプレゼンテーションが有効です．

4.4　20：80の法則と経営戦略

　組織（会社，学校，チームなど）を運営するには経営戦略が必要です．マーケティングは「戦術」であり，経営にはこれとは別に大方針である

4. プロモーションへ

「戦略」が必要です．どのように経営していくのかという経営戦略を考える上で，「20：80 の法則」を紹介します．

(1) 得意客上位 20％ がお店の売上げの 80％ をもたらす．
(2) 市場規模の 80％ は売上げ高上位 20％ の会社が占める．
(3) 上位 20％ のできる職員が会社の売上げの 80％ を稼ぐ．

上記は 20：80 の法則の代表例です．(2) によると，売上げ高上位 20％ の会社以外はほとんど儲からないことになります．市場規模の 20％ を大多数の会社が奪い合っているのです．これではほとんどの会社が儲かるはずがありません．

たとえば，現在，携帯電話やインターネット関連の市場が伸びているとはいえ，すでに確固たる勢力がいる市場に参入することは容易ではありません．

一般には「市場規模が大きいほど儲かる」「大きな市場を狙え」という定説がありますが，必ずしも額面通りではないのです．

経営戦略では，自身が上位 20％ になれる市場を探すことが重要です．小さい市場規模であっても，シェア率（占有率）を高めて売上げを伸ばし，その市場のトップ企業を目指したいものです．

4.5 商品・サービスの差別化

よい商品をつくり，その商品の存在が客に上手く伝われば売り上げは伸びるでしょう．では，高品質のよい商品がたくさんある中で，自身の商品の売上げを伸ばすにはどうすればよいのでしょうか．その一つが他の商品との「差別化」です．差別化にはおもに 3 種があります．

差別化の種類	例
物理的な差別化	量，性能，デザイン，機能，耐久性など
イメージの差別化	ブランド，ネーミング，色，形など
サービスの差別化	アフターサービス，保証，店員の対応など

　物理的な差別化のうち，「量」「デザイン」の例として，即席ラーメンが麺の量に加えて容器を大きくしたことで売上げを伸ばした事例があります．客は一見のイメージで大きな製品に惹かれたと考えられます．
　販売促進においては，サービスの差別化の「店員の対応」も大切です．どんなに優れた商品をつくったとしても，客との直接的な接客を誤ってしまっては元も子もありません．
　また，どの商品も横並びの内容，価格の場合，「ブランド」力は大きな差別化となります．人は見ず知らずの商品よりも，知っているブランド名や商品名に親近感を持ちます．これが購入の決め手となる場合は多いのです．

4.6　ターゲティング

　ターゲティングでは，客となるターゲットに狙いを定めた上で販売促進を行います．効率的に市場にアプローチするためには，年齢や性別，地理，ライフスタイルなどで客層を区分して，ターゲットを絞り込むことが有効です．

(1) 無差別型マーケティング

　すべての客層に対して販売促進を仕掛けます．間口が広いので反響は大きいが，商品に興味がない層にも販売促進を仕掛けることになるので宣伝費が掛かり，効率が悪いのが難点です．

(2) 差別型マーケティング

　客層を選別して効率的なマーケティングを行います．客層によって用意する商品を変えるので効率的な販売促進が可能です．この手法は，多数の客層種別に対するので，多数の品揃えをする必要があり，資金力がある企業だけが実施できる手法です．

(3) 特化型マーケティング

　特定の客層に絞って販売促進を仕掛ける手法です．資金力がなくても，特化した少数の商品ラインナップで効率的なマーケティングで活路を見出します．しかし，客層を絞るので対象となる顧客の絶対数が少ないのが欠点です．

4.7 購買の心理

　客がどのようにして商品を知り，購買に至るのかを考察することで，適切な商品の陳列方法，接客方法，広告の出し方，ニーズに合った商品開発が可能になります．客が購入に至るには，どのようなプロセスがあるのでしょうか．ここでは AIDMA（アイドマ）の法則を紹介します．

AIDMA（アイドマ）の法則

第1段階　Attention（注意）…商品に注意をひかれる
↓
第2段階　Interest（興味）…商品に興味を持つ
↓
第3段階　Desire（欲求）…商品が欲しくなる
↓
第4段階　Memory（記憶）…商品を記憶する
↓
第5段階　Action（行動）…商品を購買する

客は商品に注意をひかれ，興味を持ち，欲しくなり，記憶した上で購買に至ります．売り手としては，常にこの一連のプロセスをスムーズにしておくことが重要です．客に商品への興味を持たせることができたら，問い合わせや資料請求，来店がしやすいようにしておきます．反対に，せっかく注意をひかせて（第1段階），興味を持った（第2段階）にもかかわらず，問い合わせ方法が分かりにくかったり，問い合わせ対応を失敗したら購買に至るプロセスは断ち切られてしまいます．売上げを高めるには，購買に至るプロセスの中に，障壁をなくすことが大切です．

世間での認知度も高くよい商品であるにもかかわらず売上げが低迷している場合は，行動（第5段階）に問題があると思われます．よい商品であり，常連客も多いにもかかわらず新規客が少なく売上げが伸びない場合は注意（第1段階），興味（第2段階）が不足しています．

第1〜4段階は広報・宣伝によりますが，行動（第5段階）はマーケティングの4Pのうち立地・価格が大きく影響します．

このように購買の心理を分析することで，販売促進策の長所，短所が明らかになります．

4.8 ブランドの定義と要素

皆さんは"ブランド"というと何を思い浮かべますか．女性用の衣類や装飾品を思い浮かべるでしょうか．

ブランドのマネジメントはメディアが発展した現代に確立され，主に広告を使って商品のイメージづくりが進められました．ここではブランドのマネジメントを「商品のイメージづくり，優性を訴える宣伝活動」と定義します．

では，ブランドがどのようにして確立されるのか，その要素について考えてみましょう．

ブランドは商品のネーミングやロゴ，内容などが複合的に絡み合うこ

4. プロモーションへ

とによって確立されます．

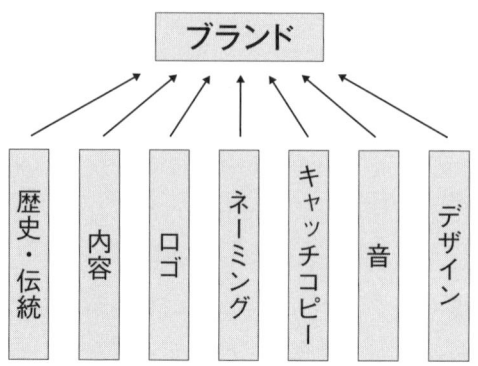

　ブランドが確立されている，あるいはブランド力がある商品は，これらの要素が統一されています．たとえば，コカ・コーラのペットボトルや缶，広告はデザインやロゴが統一されています．内容も長年に渡って広く支持されている伝統ある商品です．ブランドはこれらの要素が結び付いて形成されるのです．

　プレゼンテーションではこれらの要素を散りばめながら進めることで，商品，サービスのイメージづくりを進めブランド力をクローズアップすることができます．

5 ポスターセッション
Presentation

◆学習のポイント
- ポスターセッションのねらい
- ポスターのつくり方
- ポスターの貼り方
- 魅力的なプレゼンテーション
- ポスターセッションの事例

　ポスターセッションは，一般発表・プレゼンテーションでは得られない点を下記のように補充する側面をもっています．

5.1 ポスターセッションのねらい

　筆者は，ポスターセッションの会場で「なぜポスターセッションを選択したか」尋ねることにしています．結果は，予想に反して積極的な回答が多く，ポスターセッションに対する認識を改めた記憶があります．
　ポスターセッションを選択するおもな理由をまとめると，発表者の回答は次のようになります．

① プロジェクトの初期の段階なので，これからどのようにプロジェクトを進めたらよいか，質疑応答を通して，その手がかりを得たい．
② 一定の結果が得られたのを機会に，他の人からの評価やアドバイス，反応などを見て，より完璧なものとしたい．
③ 研究に賛同し，一緒に研究を推進する協同研究者や，アンケートなどの研究資料を提供してくれる協力者が欲しい．

④口頭発表のように，一方的でなく，時間の制約にとらわれずに，十分な時間をとって質疑応答や話し合いがしたい．
⑤新しい機器を作製したり改良したので，ぜひ展示した実物や資料を，手にとって見てもらいたい．

このように，ポスターセッションの発表者は，口頭発表とは異なった視点から発表の意義と効果を期待していることがわかります．それだけに，口頭発表以上の，周到な準備と，研究の実態と全体像をさらけだす覚悟と熱意，肉体的な疲労に耐える覚悟がポスターセッションには要求されます．

5.2 ポスターのつくり方

5.2.1 ポスターの大きさ

ポスターセッションを希望する会員は，学会が定めている一定の発表要項に従わなければなりません．

一般には，ポスターセッションの中心は，文房具店で売られている通称「模造紙」（幅788×縦1091mm）と呼ばれる大きさの紙2～3枚程度が貼れるパネル（壁面）が割り当てられます．配布資料や展示資料がある場合には，教室用の机を数脚使用しパネルの前に置きます．

このほか，発表内容，発表会場の状況によっては，ビデオ機器，パソコン，ポスター面を照らす照明装置などのために，電源装置の使用を許

表5.1 掲示用紙の規格 [1]

紙の種類	大きさ（幅×縦）(mm)
四六判（模造紙）	788 × 1091
A0 番	841 × 1189
B0 番	1030 × 1456
ハトロン判	900 × 1200

可しているところもあります．このような機器の使用が必要な場合には主催者・発表窓口などに直接問い合わせるなど，あらかじめ確認をしておくとよいでしょう．しかし，大部分の学会では，模造紙2枚程度のポスタースペースの範囲内で掲示を行い，当日は，できるだけ説明や討論に重点を置くようにします．

5.2.2 発表内容

　ポスターにはどんな内容を提示すればよいでしょうか．原則的には，ポスターセッションは発表者が参加者と討論したり，説明したりするときに，都合がよいように内容を構成すればよいわけです．しかし，発表者が不在のときも参加者の都合によってポスターセッションの会場に足を運んでポスターを読む機会もありますので（図5.1），そのような場合を想定した内容表現も考慮に入れておく必要があります．次に，ポスターに示す内容のうち，必要度が高いと思われる項目をあげてみます．

図5.1　説明者不在のポスター

5. ポスターセッション

1) 発表題目

　主題は，発表論文と同じ内容にする必要があります．しかし，副題は研究の特色が浮き彫りにされるようなキャッチフレーズを使って，ある程度自由に表現してもよいでしょう．論文集の発表番号も忘れずに書きます．

2) 発表者の所属と氏名

　単独発表のほか複数人によることもあります．その場合には，当然連名で書く必要があります．

3) 研究の概要

　趣旨，ねらいなどは必ず書いておく必要があります．ポスターのどこに書いてあるのかはっきりしない場所に書かないで，ポスターの最初の部分に簡潔に書いて，発表の趣旨がだれにでもはっきり読みとれるようにします．

4) 調査の進め方

　どのような方法で調査・研究を行ったのか，また推進の方法，たとえば，研究室内での研究か，アンケートの集計結果か，フィールド研究なのか明確にしておきます．

5) 研究の結果とまとめ

　研究・調査で得られた結果や成果は，箇条書きにした文章で簡潔にきちんと示したほうがよいでしょう．

6) 研究の結果・成果の図解的な説明

　研究結果や成果をより具体的に説明するための資料は，グラフ，表，図，写真などで視覚的に示します．質問者との討論の中心は多分この資料を中心に行われると思いますので，可能な限りスペースを取り，視覚的な表現方法に工夫を凝らしたいところです．

7) 展示機器類，資料の説明

　研究のために作製した機器や資料など，ぜひ手に取って見てもらいた

いものがあれば用意します．ポスターセッションでは，作品や装置などを展示できる点がほかの発表方法にない優れているところです．その場合，図解入りの解説をポスター内に表示しておけば説明の理解を助けるでしょう．

8) 研究の自己評価，考察

　研究結果が満足すべきものであり，ぜひ認識してもらいたいような場合には，遠慮することなく，そのことをポスター内に目立つように表示するのもよい方法だと思います．

9) 今後の課題や研究の進め方

　前述の8）と反対に，中間報告的な継続研究，研究中に生じた課題，研究推進の困難点や見通しなどがあれば，率直に表記したほうがよいでしょう．討論の中でその点を披瀝することによって，研究の方向や有力なアドバイスなどが得られることがあります．このことも，ポスターセッションの大きなメリットの1つです．

10) その他参考事項

　研究の内容に賛同して協同研究を申し出てほしい場合などは，その旨記載するとともに，eメール，FAX，電話など連絡先を書いておくとよいでしょう．ポスターセッションは大会の期間中掲示しておくことはあっても，説明と討論の時間が限定されていたり，発表者も1日中ポスターの前に立っていることは不可能です．したがって，この項目だけでなく，後日連絡してもらえるような配慮をしておくことが大切です．

5.2.3 レイアウト（構図）の仕方

　ポスターセッションの中心であるポスターの作り方を考えてみましょう．一番大切なことは，レイアウトをどうするかということでしょう．

　レイアウトとは，一定のスペースの中に，文字や図形データを紙面に配置し，目的を理解させるために，効果的に情報を選択・整理すること

5. ポスターセッション

をいいます．ポスターセッションはまさに，研究の一連の情報を選択・整理して提供するものです．したがって，レイアウトを工夫することによって，会員の目を惹きつけ，説明を読み，内容を聞いてみようという気を起こさせる必要があります．

図 5.2 はポスターセッションの一般的なレイアウト（構図）です．このほかにも発表内容に応じ，発表者の創意を活かしたさまざまなレイアウトが考えられます（具体例は 5.3.4 項を参照）．

たとえば，レイアウトには，次のようなものも考えられます．
① 題目を，2枚の紙の一番上段にぶち抜きで大きく書く．
② 1枚目を文字説明，2枚目以降を図，グラフ，写真などの視覚的な資料で埋める．
③ A3判程度の何色かの紙ごとに，研究のねらい，結果，データなど，項目別にまとめて貼る．

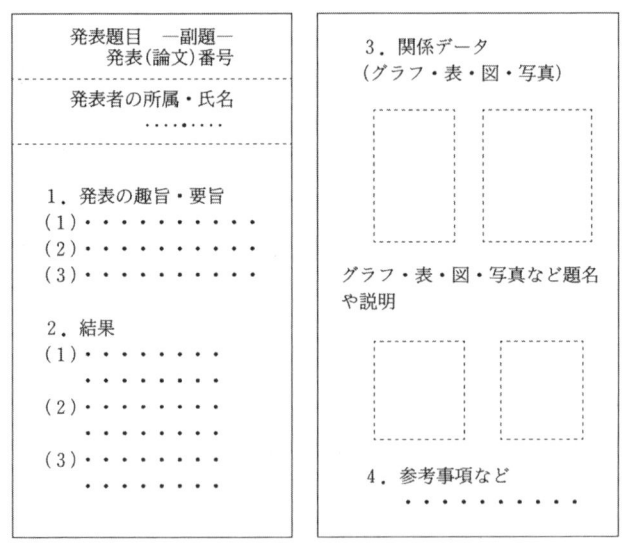

図 5.2　一般的な発表ポスターのレイアウト

④ フローチャート，または KJ 法[2] の形式にして，研究のねらい，研究の方法，研究結果，今後の課題などをまとめる．
⑤ 発表内容は，発表論文集の内容を見てもらうことにして，ポスターセッションでは，結果や研究の概要のみに限定する．この場合ポスターには，要項集の論文番号と掲載ページを明示しておく．

5.2.4 ポスターの書き方

ポスターセッションの中心は，このポスターの出来いかんにかかっています．レイアウトを考慮して一度下書きをしてから清書するくらいの気持ちで，十分時間をかけてていねいに仕上げたいものです．

最近は，パソコンを使ってかなり大きな文字表現が可能になってきましたので，今後は手書きから印刷による文字が多くなることが予想されます．手書きと印刷の場合に共通して注意しなければならない点は次のとおりです．

1) 文字の大きさ

ポスターセッションの会場で，小さな文字でぎっしり埋まったポスターほど，読む意欲をそぐものはありません．ポスターの中には，論文をそのまま少し拡大コピーして貼り付けたと思えるポスターがあります（図 5.3）．

ポスターセッションに訪れる参加者が，立ち止まって内容を読む時間はそう多くを期待できない以上，もっと視覚的に訴える工夫が必要です．

ポスターはプレゼンテーション[3]であり，掲示物ですから，2〜3 m 程度離れた距離から十分読みとることができる文字の大きさにする必要があります．ポイント（pt）でいえば 60 pt（1 pt は約 0.35 mm）すなわち約 2 cm 以上の文字にする必要があります．この程度の大きさの文字でも，立ち止まって長文の文章を読むのは，かなりの忍耐と努力が必

5. ポスターセッション

図 5.3 文字中心のポスター例

要です．

一番大きな文字は，題目に使うのが普通です．10 cm 程度の文字を使っても不自然さはないと思います（図5.4）．

2) **書体**

一般には明朝体が使われますが，ポスターには太さが一様なゴシック体が，目立つだけでなく読みやすいでしょう．手書きの場合はなるべく太いマジックペンを使います．

最近は，設計図用の幅の広いプリンタも手頃な価格で購入することができるようになってきました．そのようなプリンタを使えば，見栄えのするポスターをつくることができます．

3) **カラーの使用**

ポスターには色の活用が不可欠です．重要な箇所を赤ペンでアンダーラインを引くとか，色彩のある囲みをつけるなど，さまざまな工夫を凝らすとよいでしょう．

5.2 ポスターのつくり方

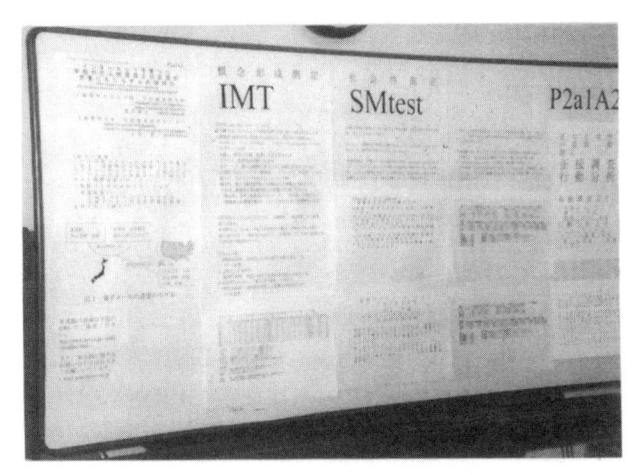

図 5.4 研究の特色を強調する例

4) イラスト

　難解な内容を，イラストでわかりやすく表現する方法もあります．ただあまり多用すると，くだけすぎた印象になり，参加者に不愉快な感情を抱かせることも考えられます．とくに人気キャラクターなどを使った漫画的な表現などは避けたほうがよいと思います．発表は謙虚なうちにも主張すべき内容が明確に伝わるような表現形態を採用すべきでしょう．

5) グラフ・表・図

　研究発表にはグラフや表は重要な役割を持っています．視覚的にも優れた情報媒体ですから，できるだけ文章で表現する箇所もグラフ・表を使って数量的な表現形式にする必要があります．その際，ポスターには，内容が一目で理解できるような，なるべく単純化したグラフ・表を提示しておきます（図 5.5）．

　たとえば，複雑な数量関係の場合でも，2つの変数の相関関係に限定した単純なグラフや表に書き換えるとよいでしょう．グラフや表の読み方に，多くの時間をとられるのは感心しないからです．しかし，もっと

5. ポスターセッション

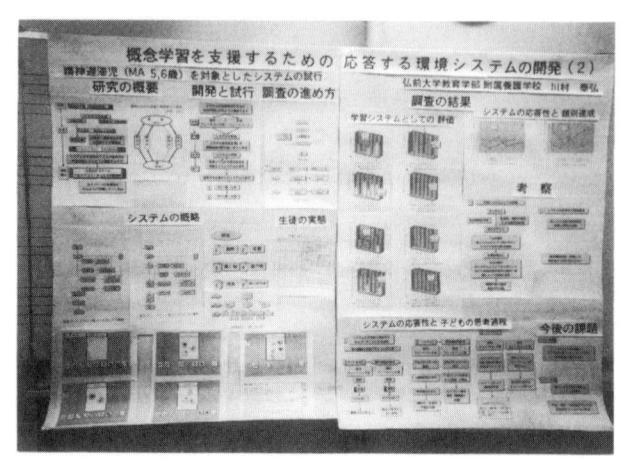

図 5.5 グラフや関連図を使う例

つっこんだ質問の回答とか説明が必要な場合に備えて，手持ちの追加資料を用意しておき要求に応えるなど，二段構えの対応を考えておくのはよい方法です．

6) 写真

研究の状況や，会場に持ち込めなかった実験装置，資料などを写真で提示するといっそう理解が深まります．カラーで少なくともキャビネ程度の大きさの写真がよいでしょう．写真には，簡単な説明を付けておきます．

7) ポスターの装飾

次に，ポスターを視覚的にどのように見やすくするか具体例で示します．

a) 図式化（○・×・△の使用）

各項目の状況を○（プラス方向），×（マイナス方向），△（現状維持）のように表示し，各指標（項目）の現状・動向が簡単にわかるようにします．その例を図 5.6 に示します．

b) 影などをつけ変化を強調

　図5.7に示すようにグラフ上の推移（変化）に影をつけると変化が強調され，立体感が生まれます．したがって，比較的わかりやすく変化を読みとることができます．

c) 網かけ，反転文字を上手に使う

　図5.8に示すように，あるものを対比する場合，できるだけエリア別に比較するパラメータを同列に記述して分別しやすいようにします．これにより，比較されるものの特徴がはっきり浮かび上がってきます．反転文字，網かけ（ハッチング），波線，破線などの文字飾りを上手

業種	営業状況・4月→5月（いずれも前年同期比）〇は5月が前年比プラス，△は減少幅が縮小，×は横ばいか悪化
自動車	△Y自動車・新井社長　4.2％減 ×R自動車・本間社長　7.1％→16.7％減
スーパー	〇Mストア・堀越社長　9％減→5％増へ △B堂・海老澤社長　10％減
百貨店	△S東京店・渋井社長　6.3％減→2％減 △H百貨店新宿店・秋山社長　25％減→6～7％減

図5.6　図式化の例

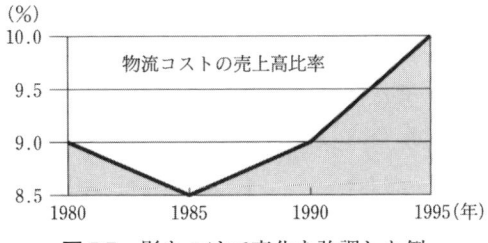

図5.7　影をつけて変化を強調した例

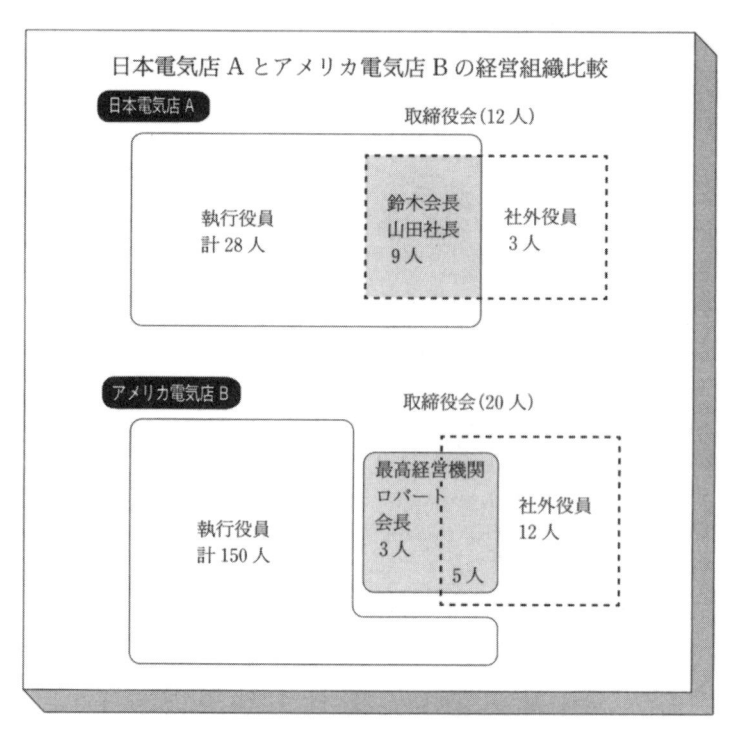

図5.8 網かけ，反転文字を使用した例

に使います．

d) グラフ上の目盛・パラメータの明確化

ある現象の推移をグラフ上でみるとき，そのグラフの目盛・パラメータを明確化しておきます．対比したいグラフはできるだけ同一グラフ上に目盛を記入し，両グラフを比較するといっそう，グラフ上でのチェックが容易になります．図5.9にその例を示します．

e) ブロック化

1つのテーマをブロック単位でスッキリした形で記述することをお勧めします．

f) ポイント強調

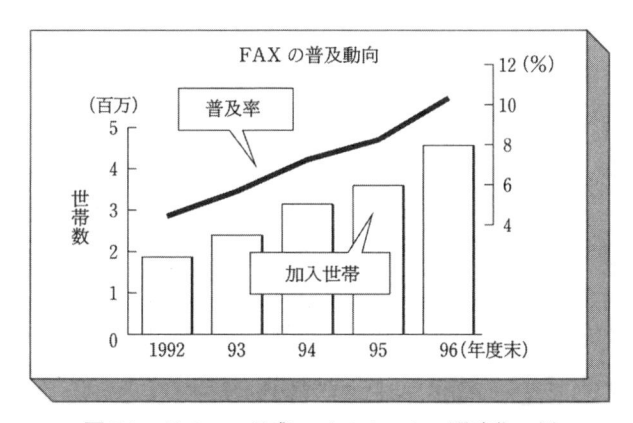

図5.9 グラフの目盛・パラメータの明確化の例

　余分な冗長は捨て，視点は何か，あるいは新規性，斬新性など強調したポイントのみを記述するとよいでしょう（図5.10）．
g）短文化
　長い文章を長く並べるよりは，文章を短文化し，区切り，項目化したほうがよいでしょう（図5.11）．

5.3 ポスターの貼り方

　ポスターセッションの場合，発表のパネルがあらかじめ指定されますから，指定された期日に会場へ行き，パネルにポスターを貼る作業を行います．

5.3.1 用意するもの

　持参するものは，ポスターをはじめ，セロハンテープ，はさみ，のり，カラーペンなど筆記具一式，提示資料・配布資料など，ポスター展示に必要と思われるものはいっさい発表者が用意します．このほか，電源の使用が認められている場合は，照明器具類，ノートパソコン，携帯用プロジェクター5，延長コードも忘れないように長めのものを用意します．

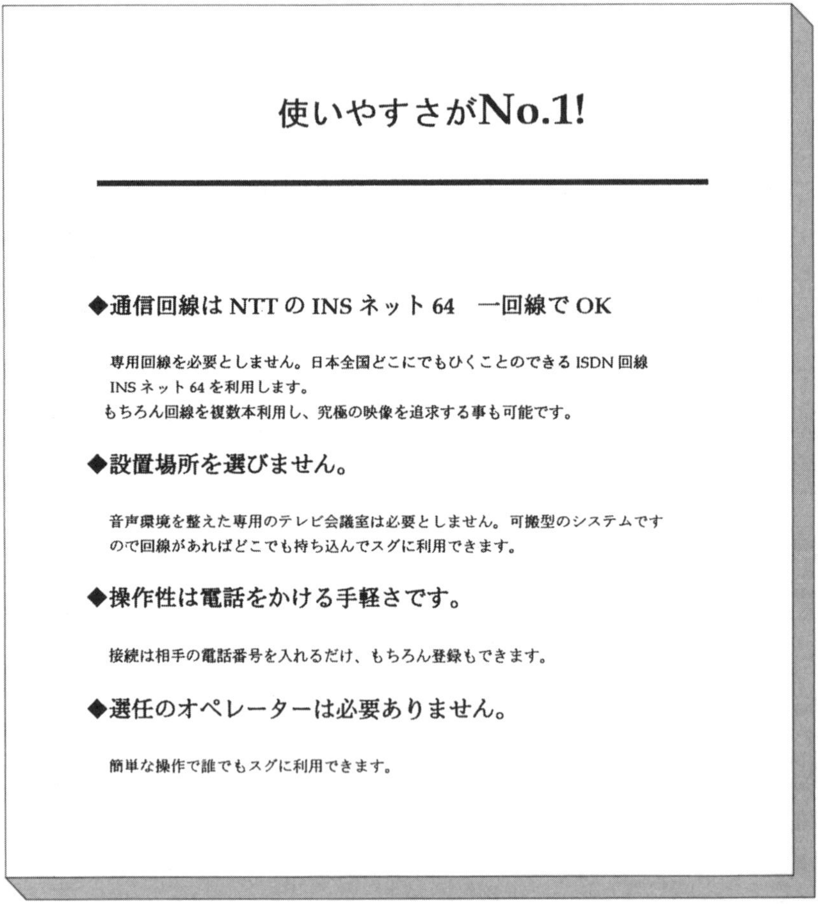

5. ポスターセッション

使いやすさがNo.1!

◆通信回線はNTTのINSネット64　一回線でOK

　専用回線を必要としません。日本全国どこにでもひくことのできるISDN回線INSネット64を利用します。
　もちろん回線を複数本利用し、究極の映像を追求する事も可能です。

◆設置場所を選びません。

　音声環境を整えた専用のテレビ会議室は必要としません。可搬型のシステムですので回線があればどこでも持ち込んでスグに利用できます。

◆操作性は電話をかける手軽さです。

　接続は相手の電話番号を入れるだけ、もちろん登録もできます。

◆選任のオペレーターは必要ありません。

　簡単な操作で誰でもスグに利用できます。

図 5.10　ポイント強調の例 [4]

なお，蛇足ですが，名刺も持参するとよいでしょう．名刺を交換する機会は案外多いものです．

5.3.2　ポスターの貼り方

　パネルの割当面積に応じて，用意したポスターを順序よく貼ればよい

> # 技術がNo.1!
>
> ---
>
> AGC(Automatic Gain Control)
> ANS(Automatic Noise Supression)
> の二つの機能で、
> 臨場感溢れた音響環境を実現
>
>
> ◆AGC(Automatic Gain Control)
> オートゲインコントロール
> マイクに対して、近くからの音声、離れている音声の音量を
> 自動的にコントロール。マイクから離れている人の音声もき
> ちんと伝えます。
>
>
> ◆ANS(Automatic Noise Supression)
> オートノイズサプレッション
> エアコンのファンや機械の定常的なノイズを、機械が察知、
> 自動的にそのノイズをカットし、音声を明瞭に伝えます。

図 5.11　短文化の例 [4]

わけです．とくに難しいことはありません．撤去するときのことも念頭に置きます．

　ただ，図 5.12 のように，覗き込むような姿勢は疲れますので，なるべく上のほうに貼るようにします．パネルの上部に，30 cm ほどの厚紙でパネルを延長して高い位置にポスターを貼っている発表者を見たことがあります．

5. ポスターセッション

図 5.12　ポスターは高く貼る

5.3.3　展示資料

　展示用の机を必要脚数だけ確保し，白紙を貼りその上に展示資料を置きます．その際，カード状の簡単な説明を近くに置きます．
　展示資料は発表者にとってはかけがえのない大切なものです．破損や盗難にはくれぐれも注意が必要です．
　発表者が留守にするときは，そのつど撤去するか，風呂敷のようなものでカバーをするなどしておきます．持参したパソコンその他の機器の保管についても同様な配慮が必要です．なおいつ頃戻ってくるかをメモしておくとさらによいでしょう．

5.4　魅力的なプレゼンテーション

　ポスターセッションで発表者（話し手）の中には聴講者のことを意識せず，自分勝手な説明をしている人も多々見受けられます．ポスターセッションはあくまでも相手（聴講者）に自分の研究内容をわかっても

らうのが第一の目的です．

その目的を勘違いして，いつもマイペースで立板に水をかけるような話し方をしている人を見受けます．常にその目的を頭の中でチェックし，聴講者に説明しなければなりません．

以上のようなことを基本的な姿勢（スタンス）としてポスターセッションに臨みたいものです．

ポスターセッションの効果を最大限に引き出すためには
① あくまでも聞き手側が主役です．聞き手側が理解できるポスターセッションの構図・内容・言葉・色彩などで表現されていなければなりません．
② 文章だけでなく図表などを多く用いて視覚化することです．
③ ポスターを装飾するには現在さまざまなパソコンツールが市販されています．

したがって，これらプレゼンテーションツールを縦横無尽に使い，見栄えがあり，相手（聴講者）が納得できるポスターを作成したいものです．

5.5 ポスターセッションの事例

ここでは具体的にポスターセッションがどのように機関誌・学会誌などに広報され，どのように提示されるか具体的に説明します．

5.5.1 機関誌・学会誌などへの広報例

次の図5.13は最近，地方の某大学で学会のポスターセッションが開催されたときの広報事例です．このような簡潔さも大事です．

5.5.2 ポスターセッション会場のレイアウト

図5.14のポスターセッション会場のレイアウト例に示すように，例

5. ポスターセッション

```
○○○○○学会第○○回全国大会プログラム

日 時：○○年8月2日（金），3日（土）

会 場：○○○大学キャンパス
         〒920-13 石川県金沢市○○○
一般講演      8月2日（金），8月3日（土）    於：第2～第6会場
ホームページ                                2号館3階，5階，6階
演示セッション  8月2日（金）15：20～17：20    於：第5会場
                                           2号館3階
ポスター
セッション    8月3日（土）9：30～11：50    於：第7会場
                                           2号館6階
企業展示      8月2日（金），8月3日（土）    於：第7会場
                                           2号館6階
懇親会        8月2日（金）18：30～20：30    於：金沢東急ホテル
                                           金沢市香林坊
```

図 5.13　機関紙・学会誌などへの広報例

として6件のポスターセッションを考えてみます．

　会場は一般的な大学などの教室を代用している場合が多く見受けられます（教室の大きさ約 15 m × 20 m）．この場合，6件ほどのポスターの提示が可能となります．その際，発表者と見学者・聴講者とがパネルを前に話し合う場合を想定して，スペースをなるべく広く取るようにします．発表者1人，質問を受ける人1，2人というように合計でパネラーとして2，3人いた方が，見学者・聴講者にとってもよいでしょう．

　また，パネラーは一般の見学者・聴講者と区別するため，ネームプレートなどを着用したほうがよいでしょう．質問者の質問が長くなったり複雑なときは，周りの人の雰囲気をみて，場合によって，図 5.14 の中央にあるテーブルを使ってマンツーマンでディスカッションすることも一案です．

5.5 ポスターセッションの事例

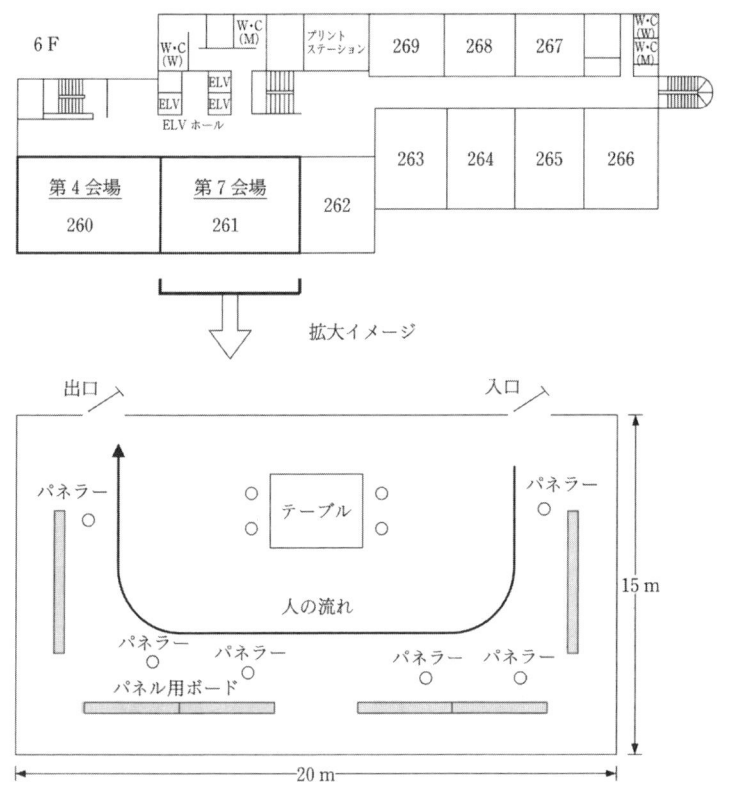

図 5.14 ポスターセッション会場のレイアウト例

5.5.3 ポスターの掲示法

1) 準備作業

ポスターの掲示は当然，ポスターセッションの少なくとも開始1時間以上前に現地に到着し，準備作業に入ったほうがよいでしょう．

2) 視覚的中心

ポスターの視覚の中心は図 5.15 に示すように，聴講者の水平視線より多少上のほうに掲示したほうがよいでしょう．

5. ポスターセッション

3) 模造紙の貼り付け

　前述の注意点に従い，ポスターセッション用に書いたポスターを衝立・壁などに貼ります．ここでポスターは衝立・壁などに直接貼ると後で，はがすときキズが付いたり，汚れますので発泡スチロールのような土台をバッファとして図5.16に示すように使用したほうがよいでしょう．

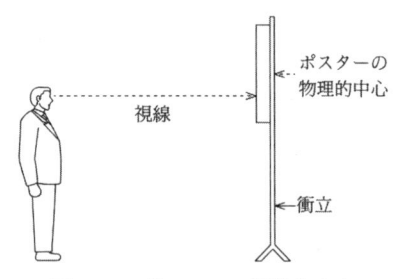

図5.15　ポスターの視覚的中心

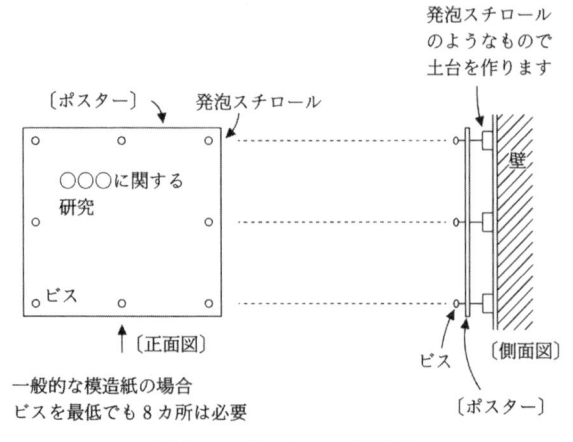

図5.16　ポスターの掲示法

― 46 ―

5.5.4 聴講者への対応

基本的にはポスターセッション開催中（一般的には午前中約2時間，あるいは午後約2時間程度）は聴講者が来るまで，発表者は辛抱強く待たねばなりません．

質問が明快に回答できない場合は，別途調べて連絡したほうが親切な態度です．

質問や問題点を指摘していただいた聴講者には，説明終了後に「ありがとうございました」という態度をとることが発表者として大切なことです．

文　献

1) デジタル・クリエイターズ連絡協議会編：マルチメディア事典・'96・'97年度，ソフトバンク，1996．
2) 川喜田二郎：発想法―創造性開発のために―，中公新書，中央公論社，1966．
3) 八幡紕芦史：パーフェクト・プレゼンテーション，生産性出版，1995．
4) ピクチャーテル株式会社マニュアル．
5) 携帯用プロジェクター．たとえば，内田洋行プロジェクターなど．

＊　本章は，下記文献を大幅に加筆・修正したものです．

渋井二三男：「2.2　発表者のねらい」「2.3　ポスターの作り方」「2.4　ポスターの貼り方」「2.5　魅力的なプレゼンテーション」「2.6　ポスターセッションの事例」（可視化情報学会編：ビジュアルプレゼンテーション，朝倉書店，1998，第2章「ポスターセッション」所収）

6 スライドを つくってみよう (1)

Presentation

◆学習のポイント
・PowerPoint の開き方・閉じ方　　・PowerPoint の画面構成

　以下の章では，Microsoft PowerPoint 2010（マイクロソフト・パワーポイント 2010）を使った実践的なスライド作成方法を学習します．例題やチャレンジ課題に取り組みながら PowerPoint の使い方を身につけ，楽しみましょう．

6.1 PowerPoint の開き方・閉じ方

●開き方

パソコンを起動させた後，画面の左下にあるこのボタンをクリックし，「すべてのプログラム」から Microsoft Office（マイクロソフト・オフィス）を開きます．

6.1 PowerPoint の開き方・閉じ方

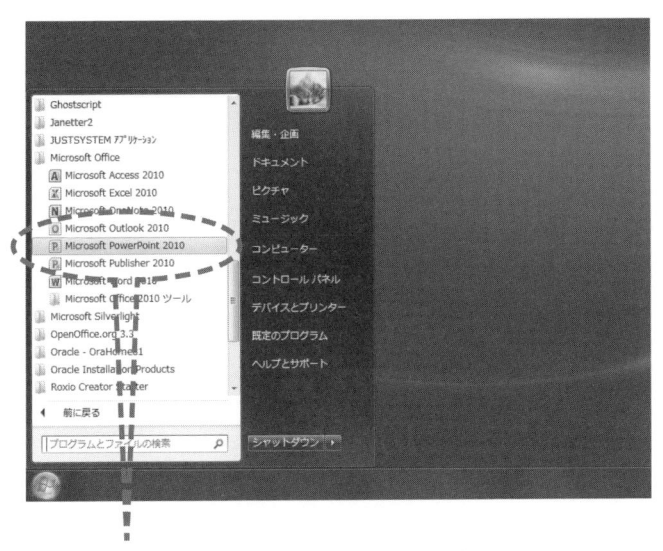

ここをクリックし，PowerPoint を開きます．

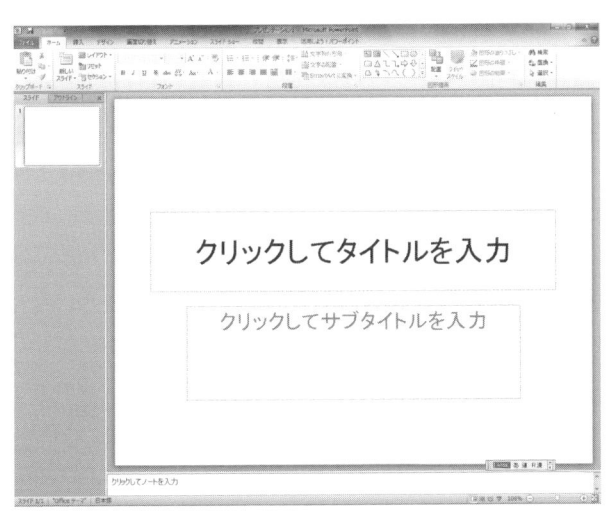

このような画面が表示されます．

6. スライドをつくってみよう（1）

●閉じ方

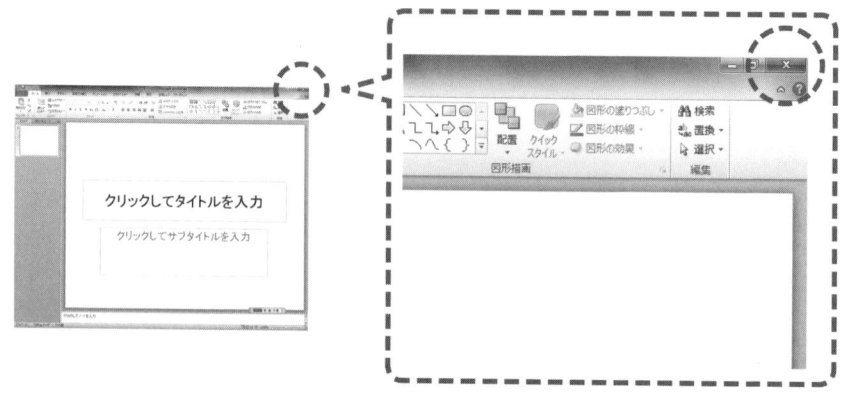

右上の×をクリックすると PowerPoint が閉じます．

⚠ 注意

スライドに文字を入れた場合，右のような画面が表示されます．保存する場合には「はい」を選択します．「いいえ」なら保存されません．

●もう一つの閉じ方

「ファイル」タブをクリックし，

「終了」をクリック．

6.2 PowerPointの画面構成

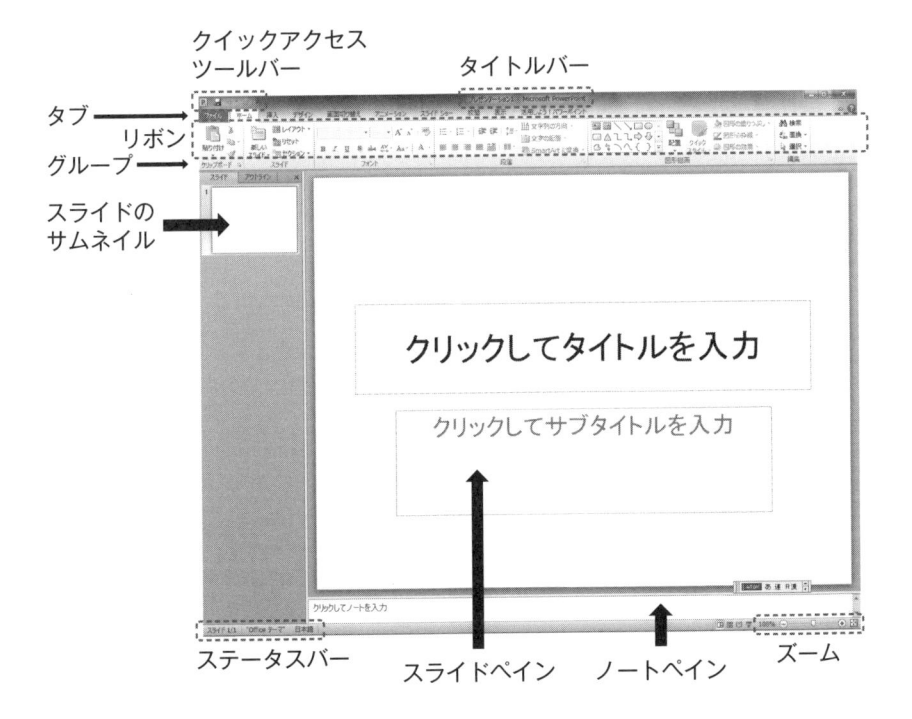

図中ラベル:
- タブ
- リボン
- グループ
- スライドのサムネイル
- クイックアクセスツールバー
- タイトルバー
- ステータスバー
- スライドペイン
- ノートペイン
- ズーム

7 スライドをつくってみよう (2)

Presentation

◆学習のポイント
・文字の入力　・スライドの追加　・図形の挿入　・保存の仕方

例題 7.1　このスライドをつくってみよう！

①

ペットの飼い方

本多　太郎

②

えさを与える

- 毎日、朝・昼・晩与える
- 朝は缶詰を与え、昼・夜は固いえさを与える
- おやつは与えない
- 飲み物はミルクを与える
- ミルクは3時間ごとに与える

③

トイレの処理

- トイレは基本的に夜に処理する
- 処理の仕方は、シャベルで汚物をとる
- その後、新しい砂を補充する
- 捨てる袋は二重にする

④

ペットのために

- 毎週日曜日は小屋の掃除をする
- えさは残さないように与える
- トイレの処理は必ずする
- 1日1時間は散歩に行かせる

↓

ペットがすみやすくしよう！

7.1 文字を入力してみよう！

ここをクリックして，文字を入力します．

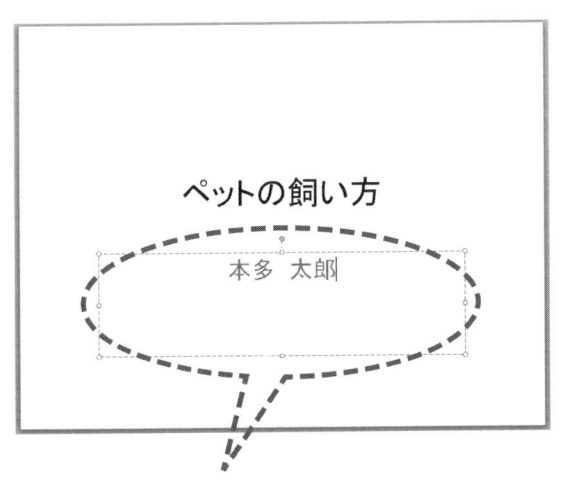

ここにも同じように文字を入力します．

7. スライドをつくってみよう (2)

ペットの飼い方

本多 太郎

このようになります（例題 7.1 ①）.

7.2 スライドの追加

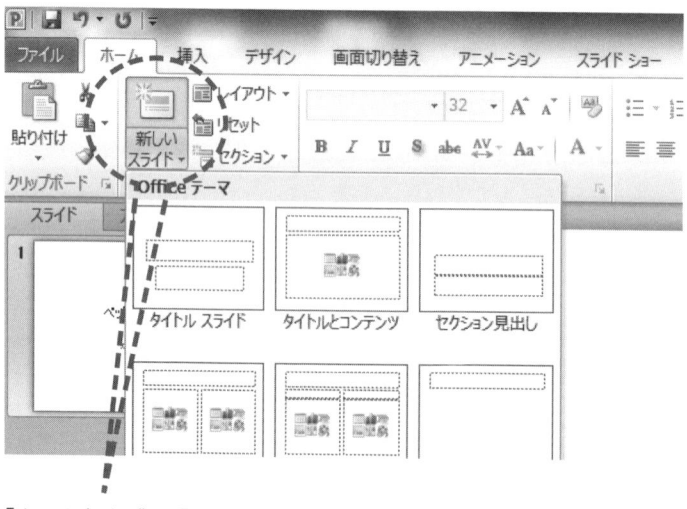

「ホーム」タブの「新しいスライド」をクリック.

7.2 スライドの追加

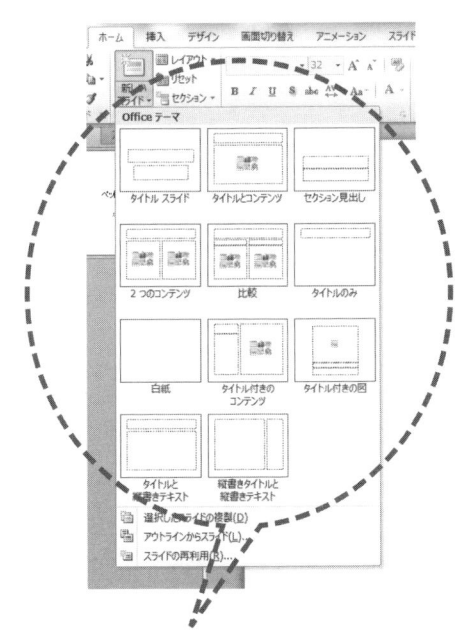

好きなスライドのタイプをクリック．

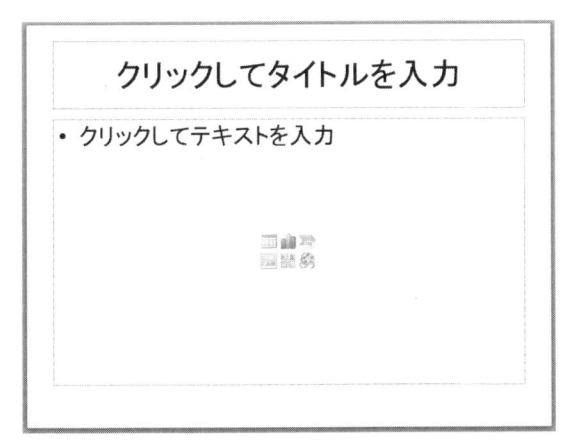

スライドが追加されます．

同じように文字を入力します．

7. スライドをつくってみよう (2)

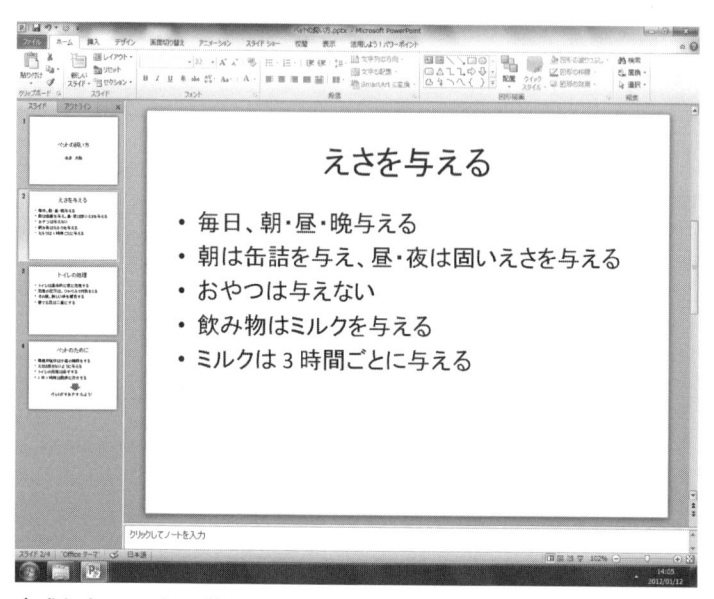

完成したスライド（例題 7.1 ②）．③も同様につくることができます．

7.3 図形を挿入してみよう！

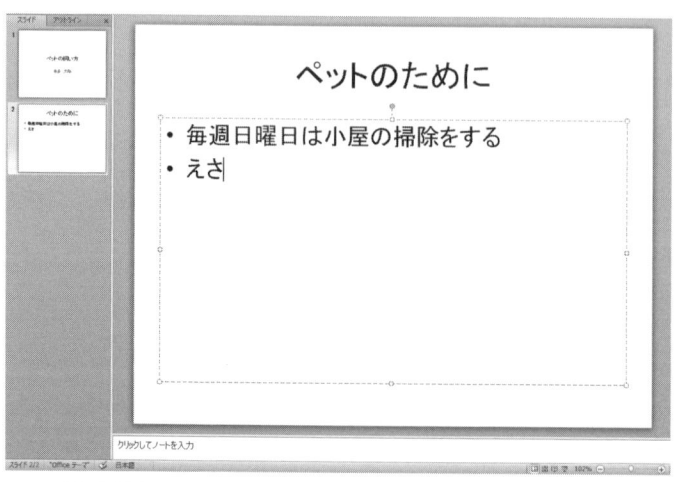

スライドを追加し，文字を入力します．

7.3 図形を挿入してみよう！

「挿入」タブの「図形」をクリック．

好きな図形を選びます．

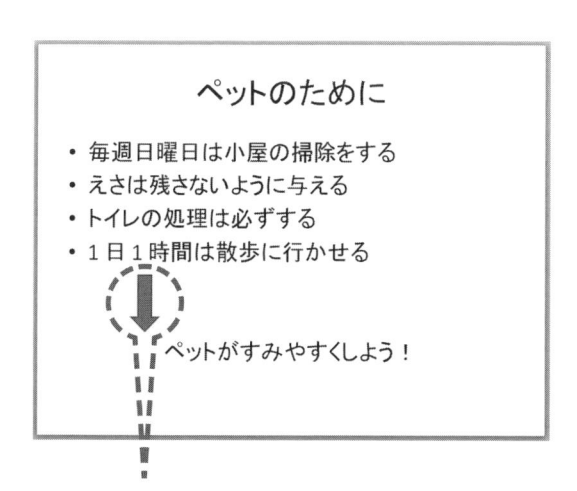

選択すると，このように図形が表示されます．

7. スライドをつくってみよう（2）

ペットのために
- 毎週日曜日は小屋の掃除をする
- えさは残さないように与える
- トイレの処理は必ずする
- 1日1時間は散歩に行かせる

↓

ペットがすみやすくしよう！

あとは文字を入力し，図形を適切な位置へ移動します（例題 7.1 ④）．

7.4 保存の仕方

「ファイル」をクリックし，

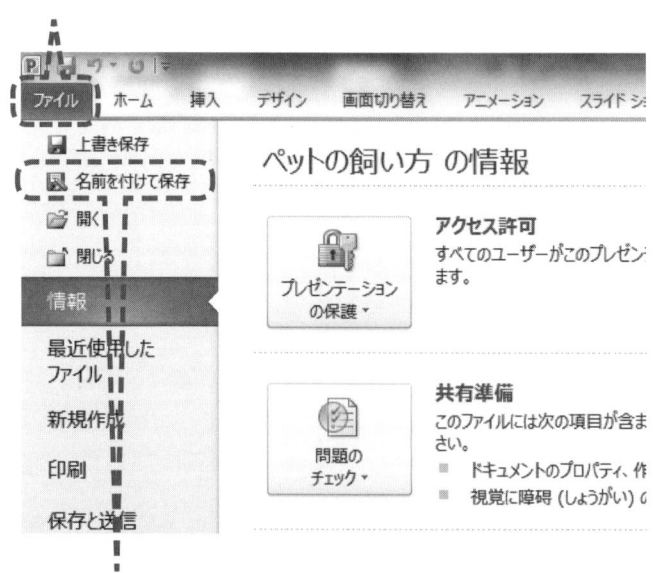

「名前を付けて保存」をクリック．

7.5 チャレンジ1

ファイル名を入力し，　　　　「保存」をクリック．

7.5 チャレンジ1

次のスライドをつくってみよう！

①

ペットの飼い方

本多　太郎

②

基本的なこと

えさを与える
- 毎日，朝・昼・晩与える
- 朝は缶詰を与え，昼・夜は固いえさを与える
- おやつは与えない
- 飲み物はミルクを与える
- ミルクは3時間ごとに与える

トイレの処理
- トイレは基本的に夜に処理する
- 処理の仕方は，シャベルで汚物をとる
- その後，新しい砂を補充する
- 捨てる袋は二重にする

7. スライドをつくってみよう（2）

③

```
        ペットのために
・毎週日曜日は小屋の掃除をする
・えさは残さないように与える
・トイレの処理は必ずする
・1日1時間は散歩に行かせる

         ⬇
    ペットがすみやすくしよう！
```

出来上がったらファイル名を「チャレンジ1」として保存しよう！

8 スライドを つくってみよう (3)

Presentation

◆学習のポイント
・保存したファイルの開き方　　・段落番号の付け方
・デザインの変更　　　　　　　・段落スタイルの変更・段落差の付け方

例題 8.1 次のスライドをつくってみよう！

①

ペットの飼い方
本多　太郎

②

えさを与える
● 毎日、朝・昼・晩与える
● 朝は缶詰を与え、昼・夜は固いえさを与える
● おやつは与えない
● 飲み物はミルクを与える
● ミルクは3時間ごとに与える

③

トイレの処理
● トイレは基本的に夜に処理する
● 処理の仕方は、シャベルで汚物をとる
● その後、新しい砂を補充する
● 捨てる袋は二重にする

④

ペットのために
● 毎週日曜日は小屋の掃除をする
● えさは残さないように与える
● トイレの処理は必ずする
● 1日1時間は散歩に行かせる

↓

ペットがすみやすくしよう！

8. スライドをつくってみよう（3）

8.1 保存したファイルを開いてみよう！

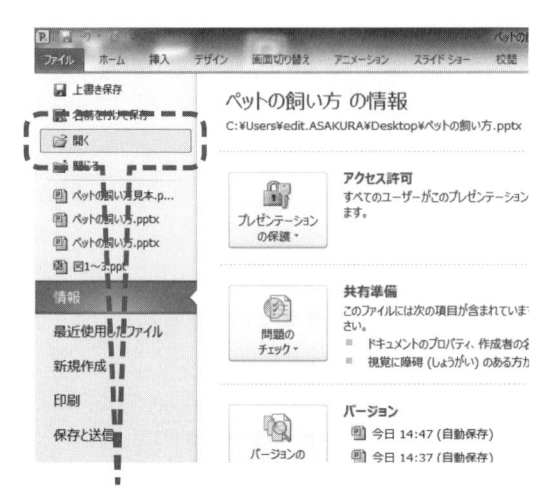

「ファイル」タブの「開く」をクリック．

①自分で保存しておいた場所をクリック．

②ファイルを選択．　　③「開く」をクリック．

8.2 デザインを変えてみよう！

8.2 デザインを変えてみよう！

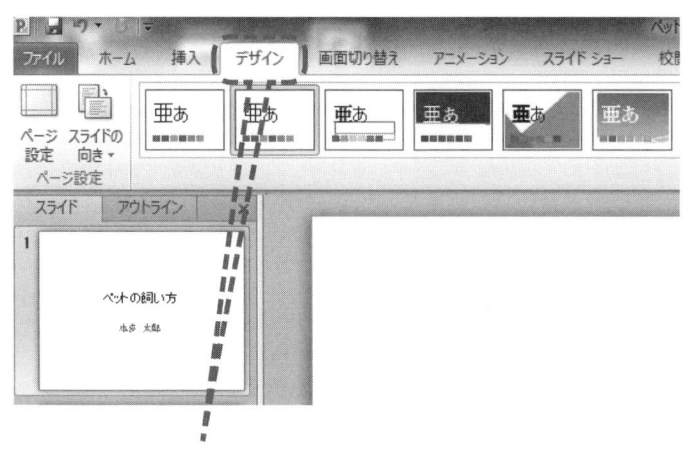

「デザイン」タブをクリック．

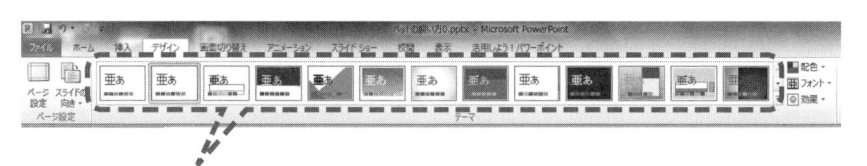

ここから好きなデザインを選びます．

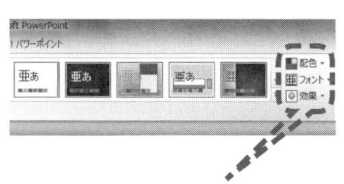

右端をクリックすると…

8. スライドをつくってみよう（3）

この画面からも選べます．

8.3 スライドごとにデザインを変えてみよう！

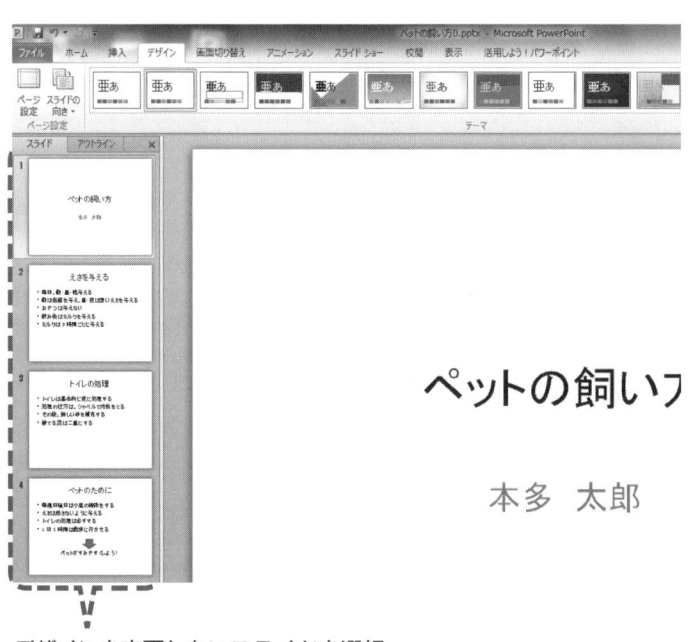

デザインを変更したいスライドを選択．

8.3 スライドごとにデザインを変えてみよう！

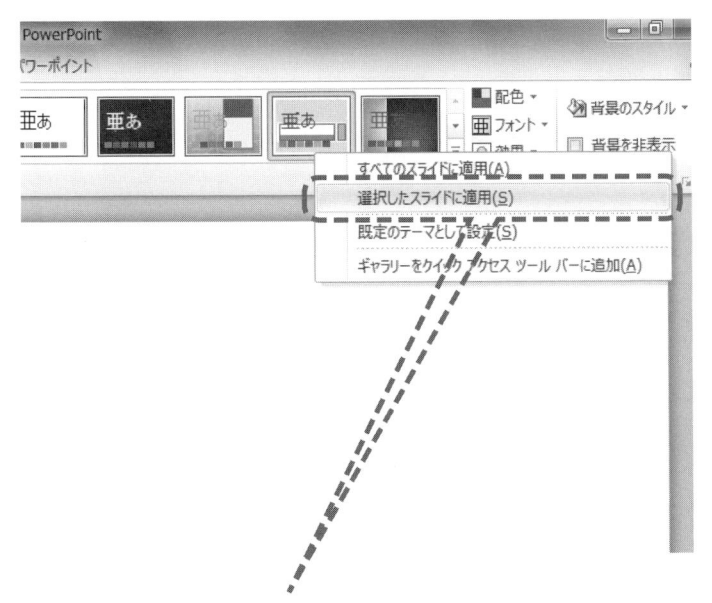

「選択したスライドに適用」をクリック．

完成例

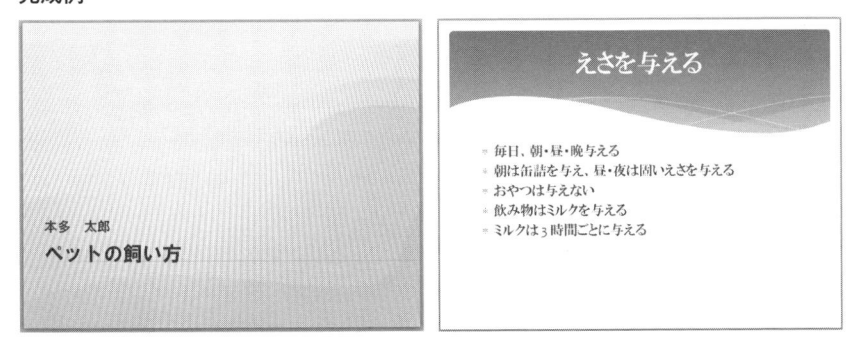

デザインを選択し，例題 8.1 のスライドをつくってみましょう．

8. スライドをつくってみよう (3)

8.4 チャレンジ2

次のスライドをつくってみよう！

①
ペットの飼い方
本多 太郎

② えさを与える
- 毎日、朝・昼・晩与える
- 朝は缶詰を与え、昼・夜は固いえさを与える
- おやつは与えない
- 飲み物はミルクを与える
- ミルクは3時間ごとに与える

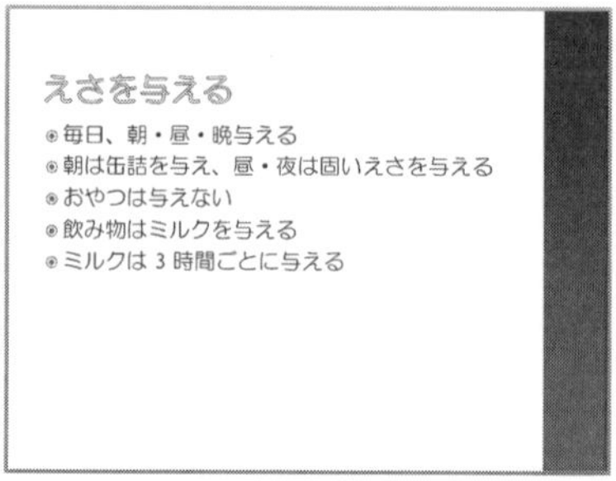

③ トイレの処理
- トイレは基本的に夜に処理する
- 処理の仕方は、シャベルで汚物をとる
- その後、新しい砂を補充する
- 捨てる袋は二重にする

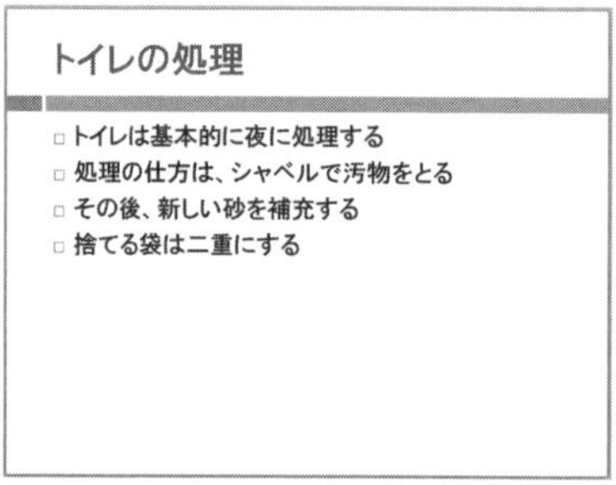

④ ペットのために
- 毎週日曜日は小屋の掃除をする
- えさは残さないように与える
- トイレの処理は必ずする
- 1日1時間は散歩に行かせる

　　↓
ペットがすみやすくしよう！

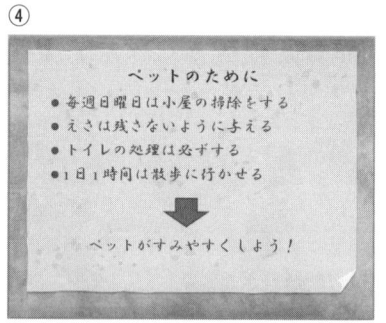

出来上がったらファイル名を「チャレンジ2」として保存しよう！

例題8.2 次のスライドをつくってみよう！

① えさを与える
1. 毎日、朝・昼・晩与える
2. 朝は缶詰を与え、昼・夜は固いえさを与える
3. おやつは与えない
4. 飲み物はミルクを与える
5. ミルクは3時間ごとに与える

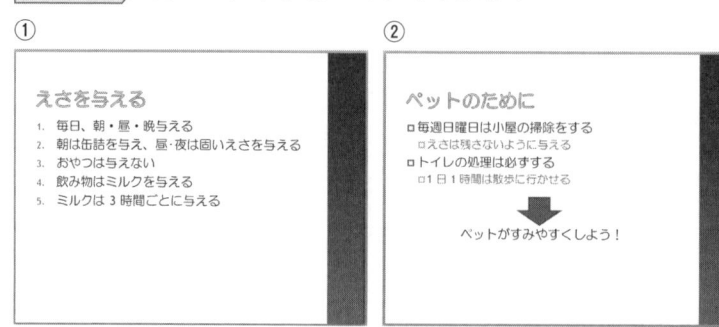

② ペットのために
- 毎週日曜日は小屋の掃除をする
  - えさは残さないように与える
- トイレの処理は必ずする
  - 1日1時間は散歩に行かせる

　　↓
ペットがすみやすくしよう！

8.5 段落番号を付けてみよう！

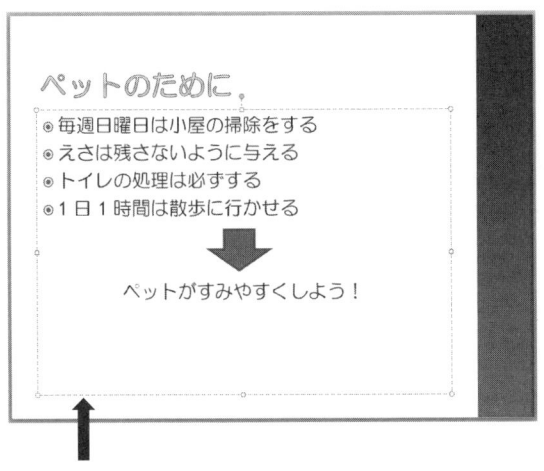

変更したい部分をクリックし、枠を表示させます．

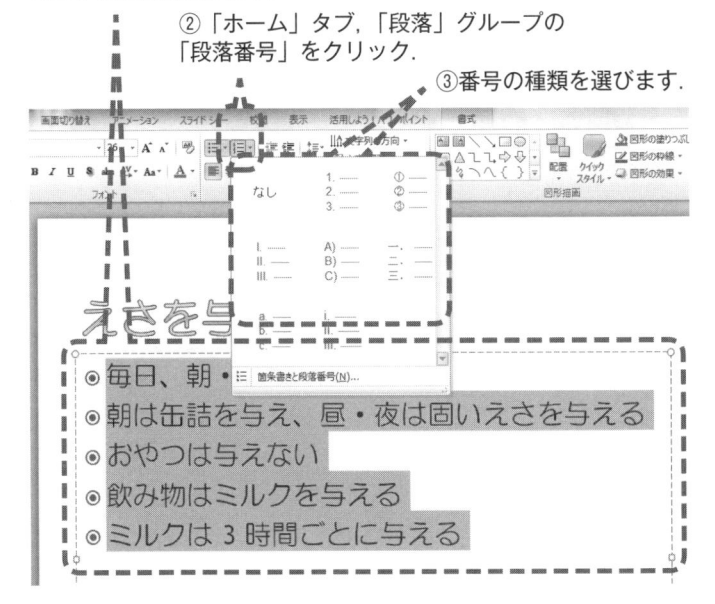

①文字を範囲指定します．

②「ホーム」タブ，「段落」グループの「段落番号」をクリック．

③番号の種類を選びます．

8. スライドをつくってみよう (3)

```
えさを与える
 1. 毎日、朝・昼・晩与える
 2. 朝は缶詰を与え、昼・夜は固いえさを与える
 3. おやつは与えない
 4. 飲み物はミルクを与える
 5. ミルクは3時間ごとに与える
```

完成例（例題8.2①）

8.6 段落のスタイルを変えてみよう！

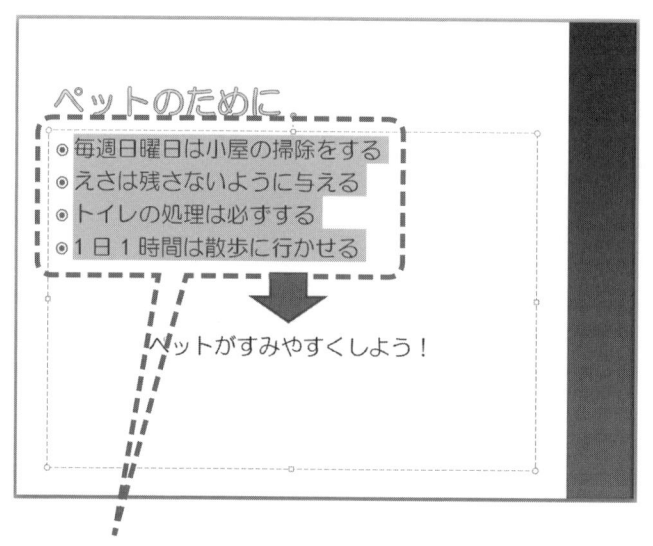

```
ペットのために
 ● 毎週日曜日は小屋の掃除をする
 ● えさは残さないように与える
 ● トイレの処理は必ずする
 ● 1日1時間は散歩に行かせる

       ↓
  ペットがすみやすくしよう！
```

文字を範囲指定する.

8.6 段落のスタイルを変えてみよう！

「ホーム」タブ, 「段落」グループの「箇条書き」をクリック.

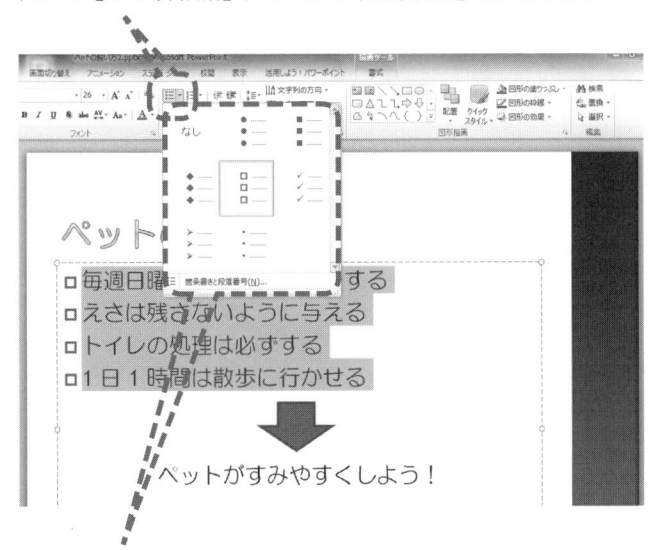

段落のスタイルを選ぶ。

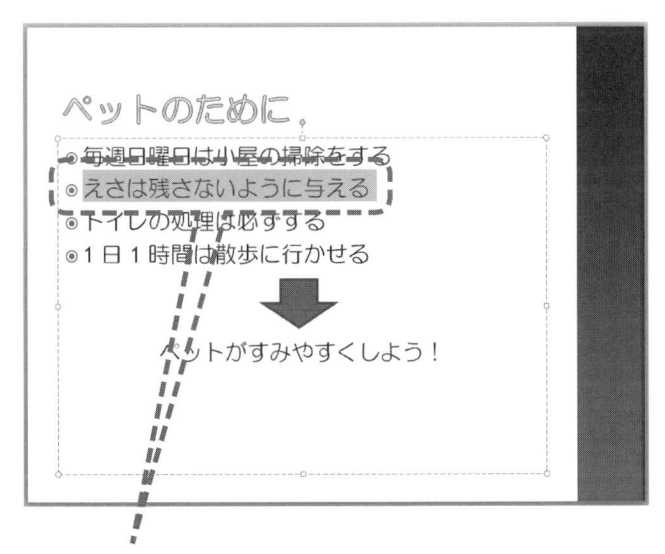

段落差を付けるところを範囲指定する.

― 69 ―

8. スライドをつくってみよう (3)

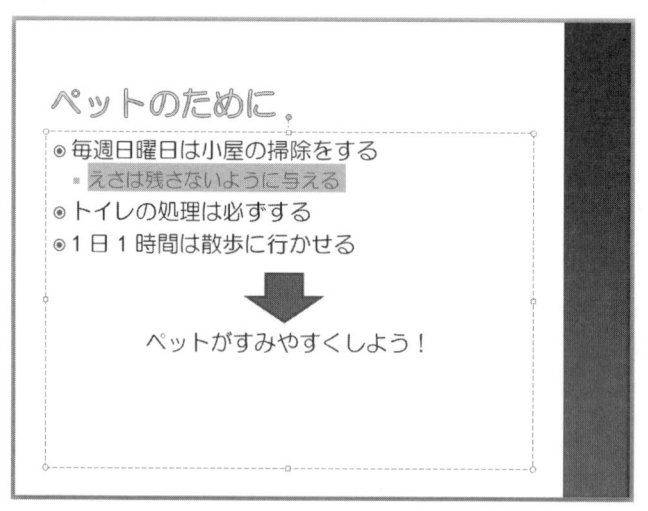

キーボードの「Tab」キーを押すと，このようになります．
以下同様に行います．

完成例

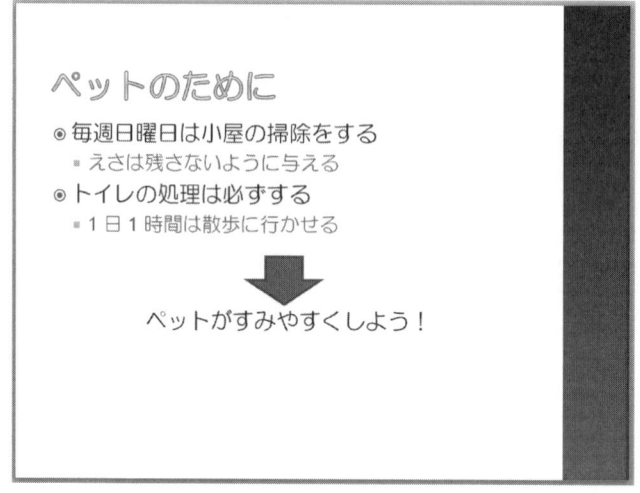

後は，好きなスタイルに変えるだけです．

8.7 チャレンジ3

次のスライドをつくってみよう！

①段落番号を変える．　　　　　　②段落のマークを変える．

えさを与える	ペットのために
I. 毎日、朝・昼・晩与える II. 朝は缶詰を与え、昼・夜は固いえさを与える III. おやつは与えない IV. 飲み物はミルクを与える V. ミルクは3時間ごとに与える	▫ 毎週日曜日は小屋の掃除をする 　▸ えさは残さないように与える ▫ トイレの処理は必ずする 　▸ 1日1時間は散歩に行かせる 　　↓ 　ペットがすみやすくしよう！

出来上がったらファイル名を「チャレンジ3」にして保存しよう！

9 スライドをつくってみよう (4)

Presentation

◆学習のポイント
・クリップアートの挿入　・画像の挿入　・画像の編集

例題9.1 次のスライドをつくってみよう！

①
ペットの飼い方 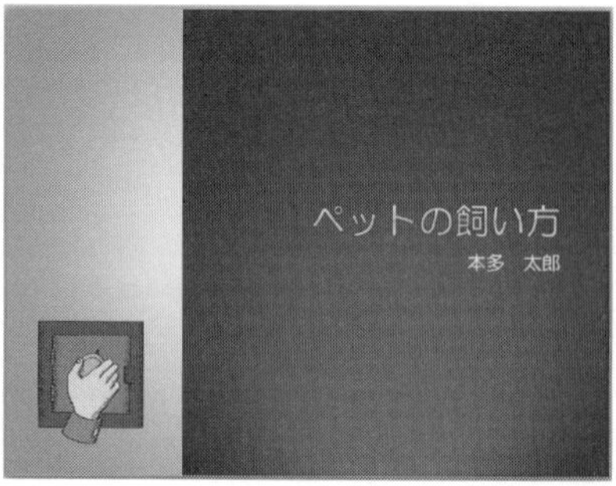
本多　太郎

② えさを与える
- 毎日、朝・昼・晩与える
- 朝は缶詰を与え、昼・夜は固いえさを与える
- おやつは与えない
- 飲み物はミルクを与える
- ミルクは3時間ごとに与える

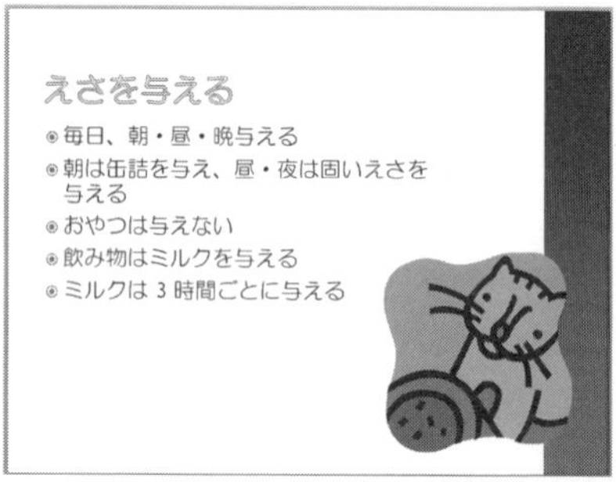

③ トイレの処理
- トイレは基本的に夜に処理する
- 処理の仕方は、シャベルで汚物をとる
- その後、新しい砂を補充する
- 捨てる袋は二重にする

④ ペットのために
- 毎週日曜日は小屋の掃除をする
- えさは残さないように与える
- トイレの処理は必ずする
- 1日1時間は散歩に行かせる

ペットがすみやすくしよう！

9.1 クリップアートを入れてみよう！

9.1 クリップアートを入れてみよう！

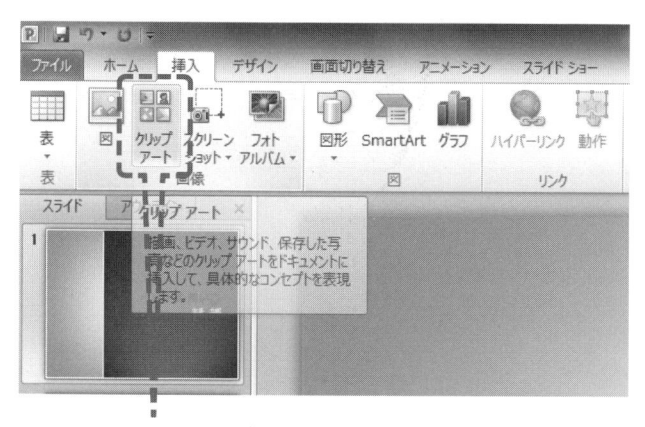

「挿入」タブの「クリップアート」をクリック．

クリップアートの
検索画面が出てきます．

①キーワードを入力し，
検索します
（この場合は「業務」）

②好きなクリップアートを
選びダブルクリックすると
下のようになります．

9. スライドをつくってみよう (4)

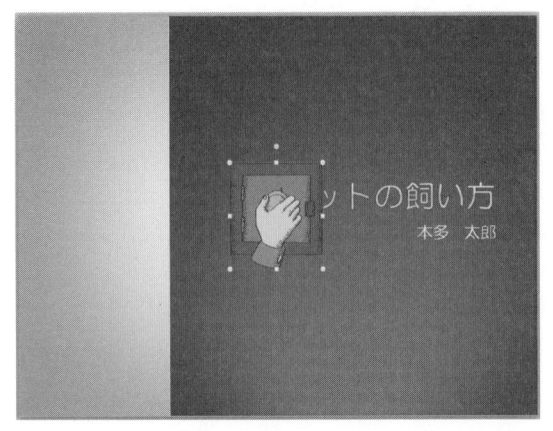

後は好きな場所に移動します．

完成例（例題9.1①）

9.2 写真を入れてみよう！

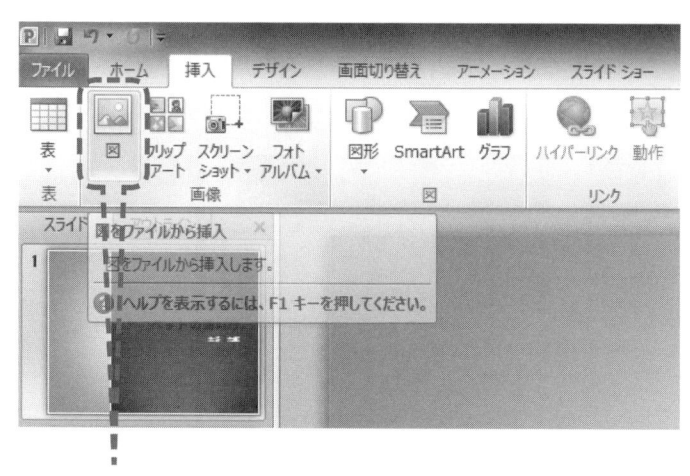

「挿入」タブの「図」をクリック．

写真・画像の保存場所をクリック．

9. スライドをつくってみよう（4）

①挿入したい写真・画像をクリック．

②「開く」をクリック．

このようになります．
これでスライドに画像が挿入できました．
次に画像を編集します．

9.3 画像を編集してみよう！

●画像の大きさの変更

画像の角をドラッグして好きな大きさに変更できます．

図ツールの「書式」で好きなフレームを選ぶこともできます．

9. スライドをつくってみよう（4）

たとえば，このようになります．

●画像のトリミング

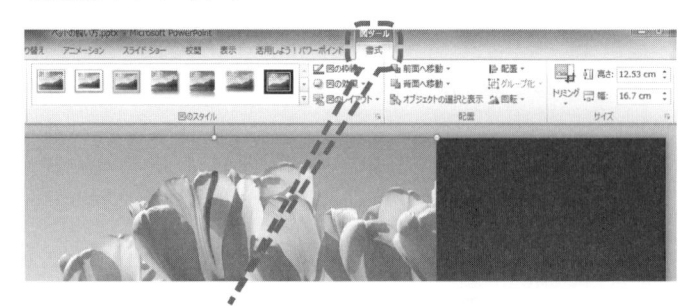

①図ツールの「書式」から，

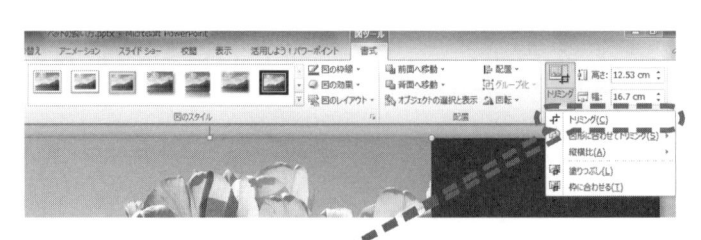

②「トリミング」をクリック．

9.3 画像を編集してみよう！

④範囲を指示してクリックすると,

9. スライドをつくってみよう（4）

このように画像がトリミングされます．

⚠ **注意**
トリミングすると，カットされた部分の画像はなくなってしまいます．

9.4 チャレンジ4

つぎのスライドをつくってみよう！

①
ペットの飼い方
本多　太郎

② **えさを与える**
- 毎日、朝・昼・晩与える
- 朝は缶詰を与え、昼・夜は固いえさを与える
- おやつは与えない
- 飲み物はミルクを与える
- ミルクは3時間ごとに与える

③ **トイレの処理**
- トイレは基本的に夜に処理する
- 処理の仕方は、シャベルで汚物をとる
- その後、新しい砂を補充する
- 捨てる袋は二重にする

④ **ペットのために**
- 毎週日曜日は小屋の掃除をする
- えさは残さないように与える
- トイレの処理は必ずする
- 1日1時間は散歩に行かせる

↓

ペットがすみやすくしよう！

出来上がったらファイル名を「チャレンジ4」として保存しよう！

※クリップアートは同じでなくても構いません

9. スライドをつくってみよう（4）

9.5 画像を編集してみよう！（発展編）

●画像を背面へ移動する

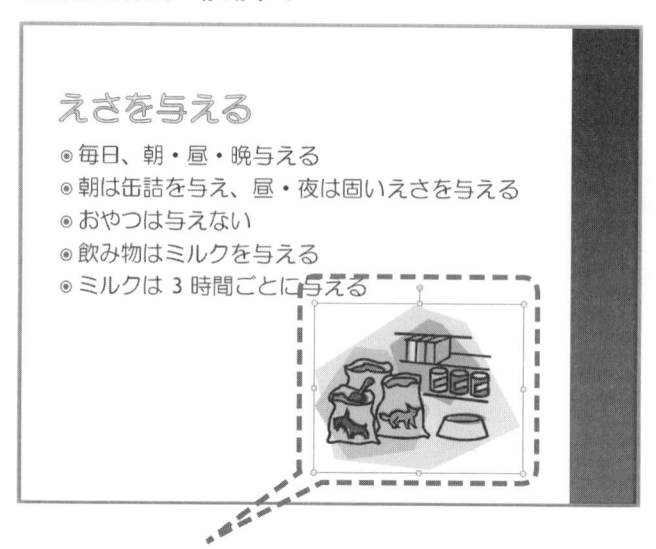

この画像を拡大します．

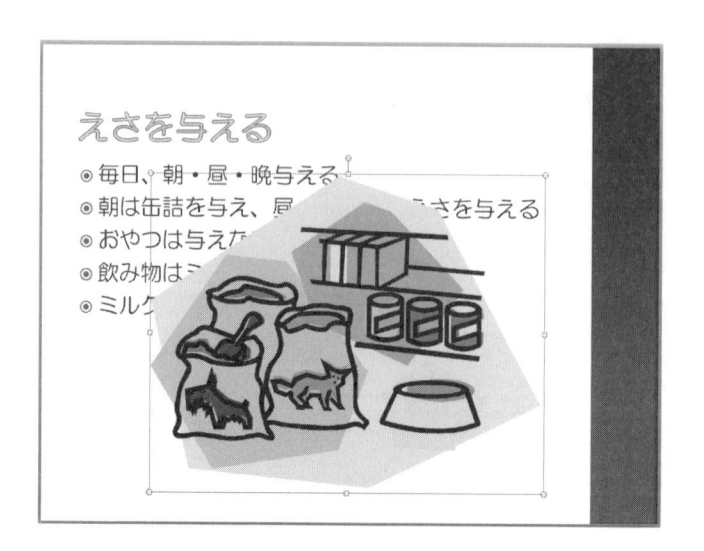

9.5 画像を編集してみよう！（発展編）

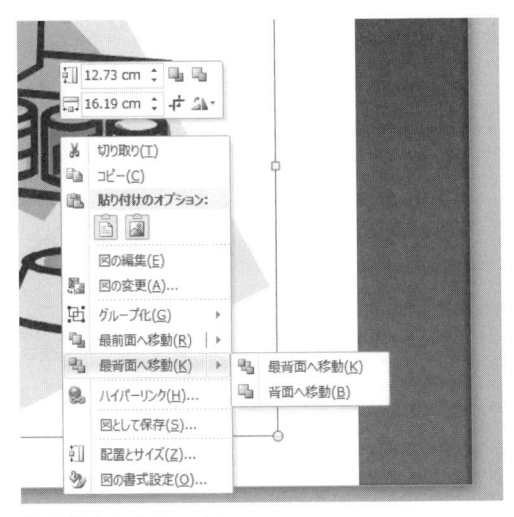

①画像を右クリックし,
②「最背面へ移動」をクリックします.

このようになります.

9. スライドをつくってみよう (4)

●画像の明るさとコントラストを調整する

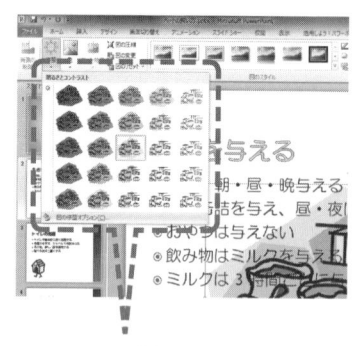

図ツールの「書式」の「調整」をクリック．「明るさとコントラスト」で色を調整します．

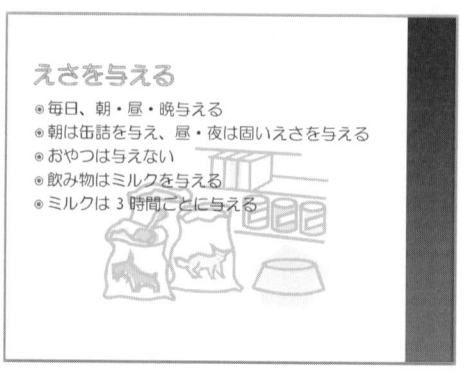

試しに明るさを上げ，コントラストを下げるとこのようになります．

●色を変更する

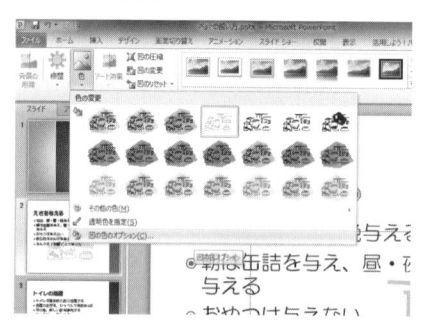

図ツールの「書式」の「色」をクリック．「色の変更」で色を変更します．

試しに「グレースケール」にすると，このようになります．

9.6 チャレンジ5

次のスライドをつくってみよう！

①

ペットの飼い方
本多　太郎

② えさを与える
- 毎日、朝・昼・晩与える
- 朝は缶詰を与え、昼・夜は固いえさを与える
- おやつは与えない
- 飲み物はミルクを与える
- ミルクは3時間ごとに与える

③ トイレの処理
- トイレは基本的に夜に処理する
- 処理の仕方は、シャベルで汚物をとる
- その後、新しい砂を補充する
- 捨てる袋は二重にする

④ ペットのために
- 毎週日曜日は小屋の掃除をする
- えさは残さないように与える
- トイレの処理は必ずする
- 1日1時間は散歩に行かせる

↓

ペットがすみやすくしよう！

出来上がったらファイル名を「チャレンジ5」として保存しよう！

10 スライドを動かしてみよう
Presentation

```
◆学習のポイント
・画面切り替え　・アニメーション　・スライドの再生
```

例題 10.1　次のような効果を入れてスライドを再生してみよう！

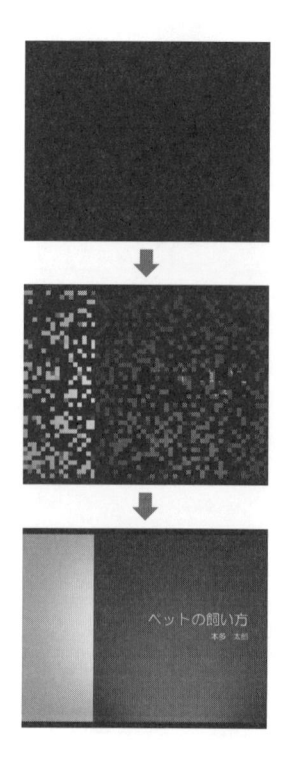

10.1 画面切り替えに効果を入れてみよう！

①「画面切り替え」タブをクリック．

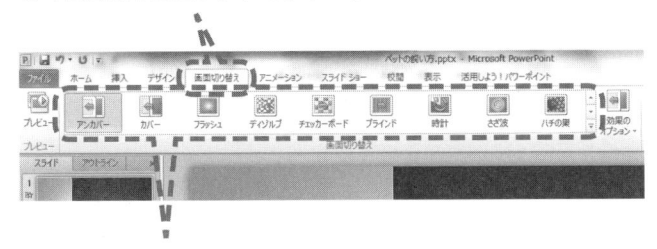

②ここから好きな効果を選びます．

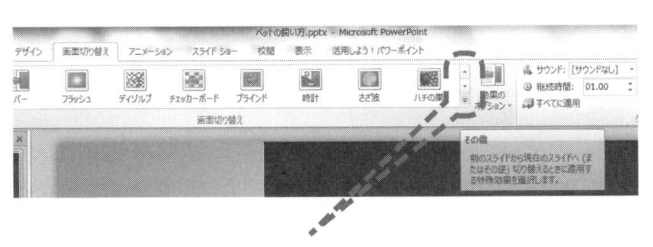

右下の「その他」をクリックすると…

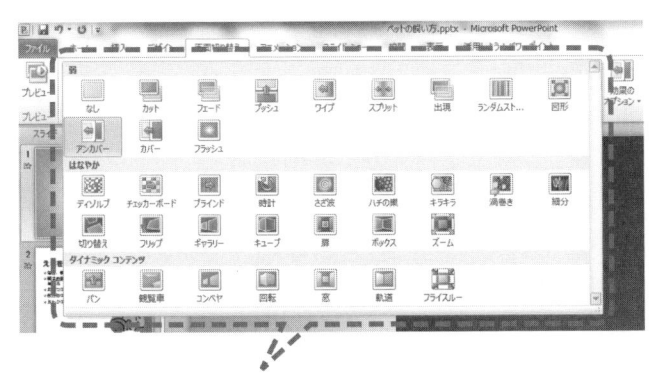

ここからも選べます（例題 10.1 の効果は「ディゾルブ」です）．

10. スライドを動かしてみよう

効果を選択した後、「タイミング」グループの「すべてに適用」をクリックすると、スライドすべてに効果が適用されます。

10.2 スライドごとの時間を設定してみよう！

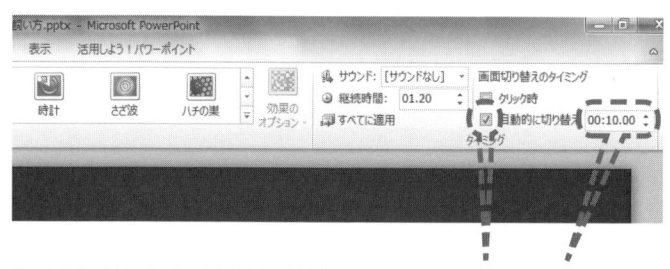

効果を選択したら、「画面切り替えのタイミング」の①「自動的に切り替え」のボックスにチェックを入れ、②秒数を入力します。

● スライドを再生してみよう！

キーボードの「F5」キーを押すとスライドショーが開始します。

> ⚠ 注意
>
> 「画面切り替えのタイミング」の「クリック時」と「自動的に切り替え」の両方にチェックがされている場合は、「自動的に切り替え」が優先されます。

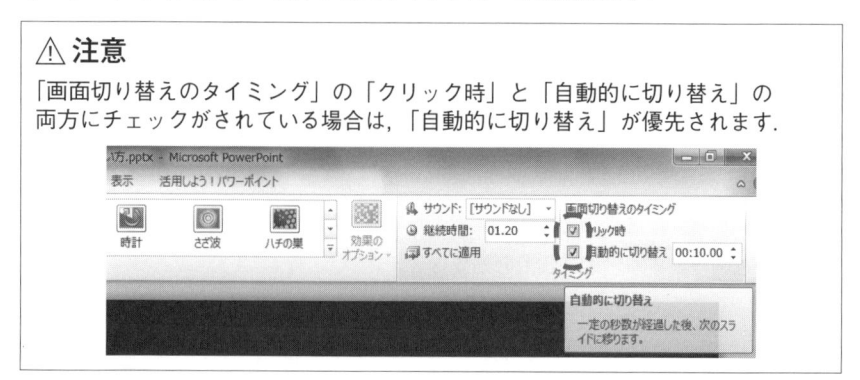

10.3 アニメーションで文字を動かしてみよう！

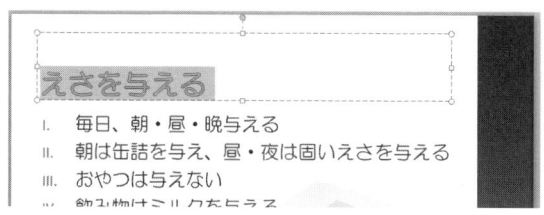

動かしたい文字を範囲指定します．

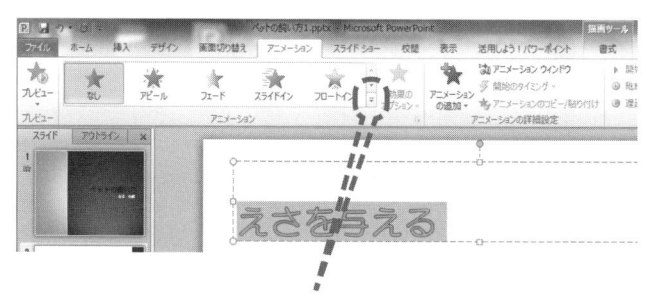

「アニメーション」タブをクリックし，アニメーションの種類を選びます．
右下の「その他」をクリックすると，この画面からも選べます．

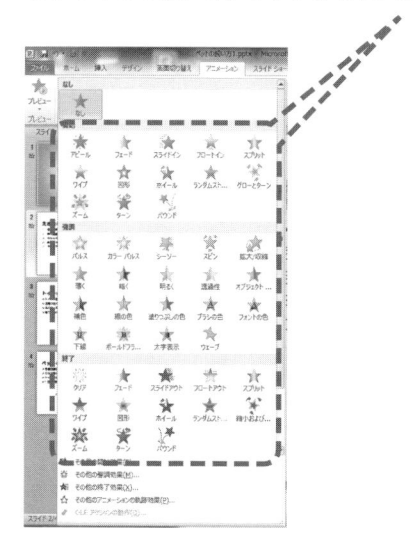

10. スライドを動かしてみよう

試しに「スライドイン」を選択して再生すると，下のように文字が動きます．

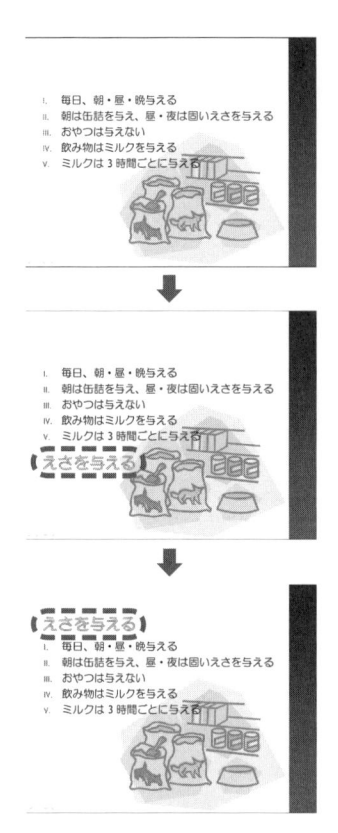

●効果の詳細設定

「効果のその他のオプション」をクリックすると，次のような
ウインドウが開きます．

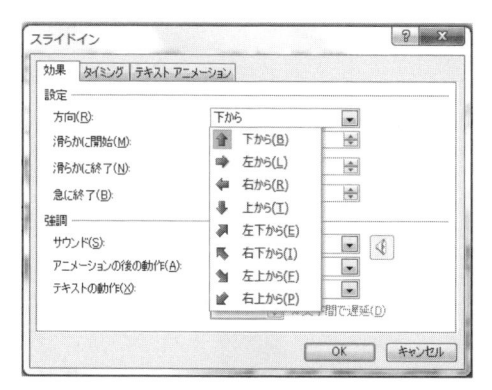

10.3 アニメーションで文字を動かしてみよう！

アニメーションの動く方向

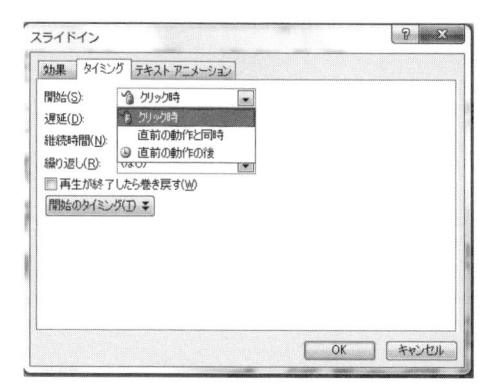

アニメーションの開始タイミング

アニメーションの速さ

10. スライドを動かしてみよう

10.4 アニメーションで画像を動かしてみよう！

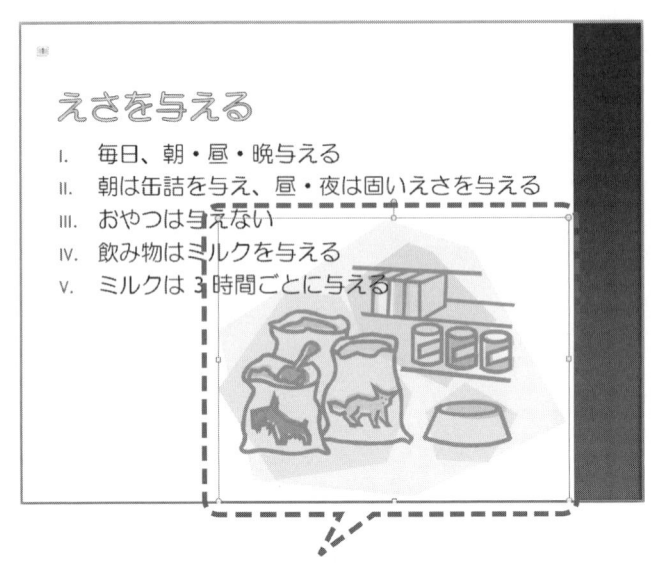

動かしたい画像をクリックします．

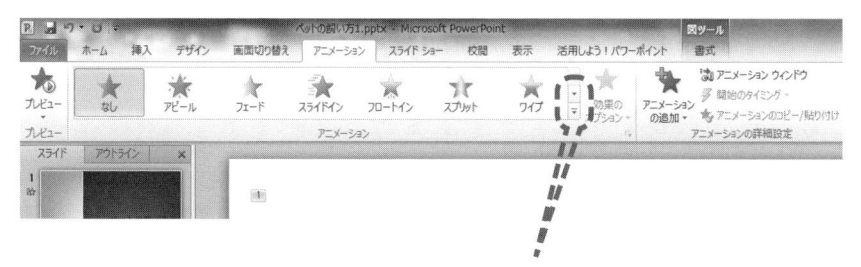

10.4 アニメーションで画像を動かしてみよう！

「アニメーション」タブをクリックします．右下の「その他」をクリックすると，この画面からも選べます．

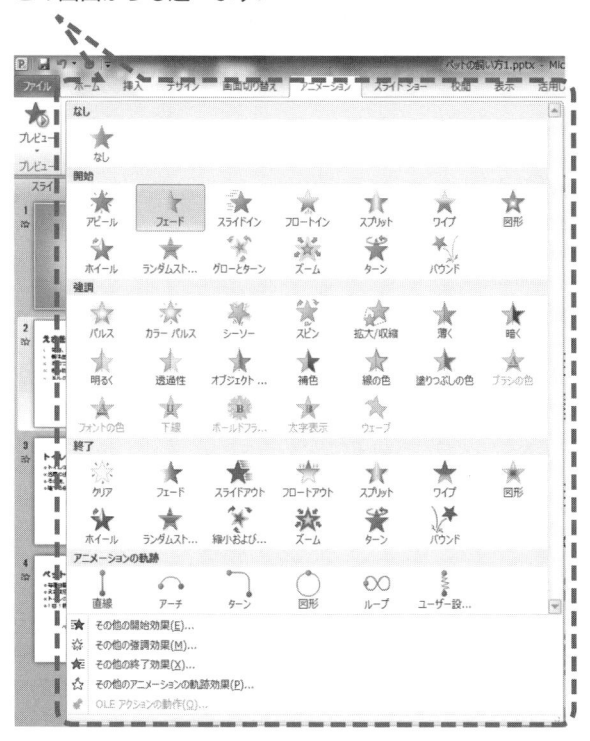

— 93 —

10. スライドを動かしてみよう

●アニメーションの順番を変えてみよう！

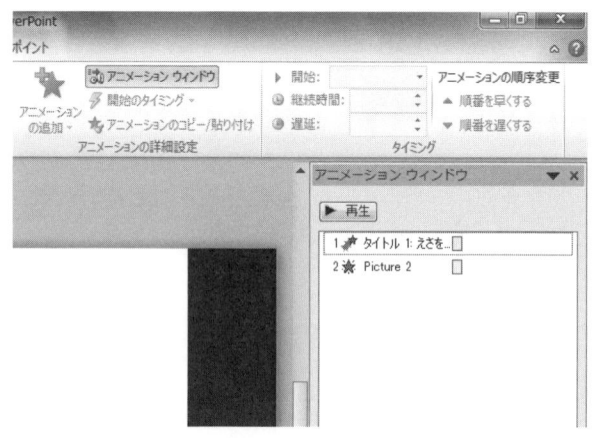

「アニメーション」タブの「アニメーションウインドウ」を
クリックし，画面右にアニメーションウインドウを開きます．

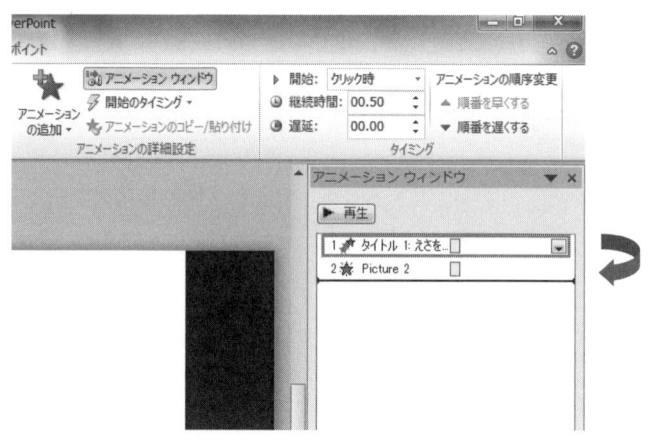

マウスのドラッグ操作でアニメーションの順番を
変更することができます．

10.4 アニメーションで画像を動かしてみよう！

移動後

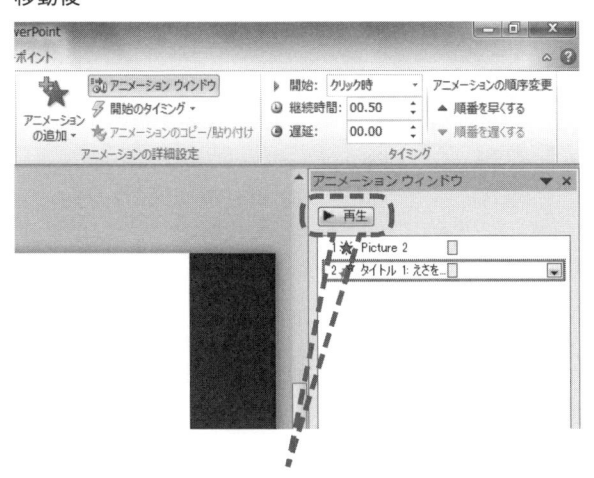

「再生」をクリックするとアニメーションを確認することができます．

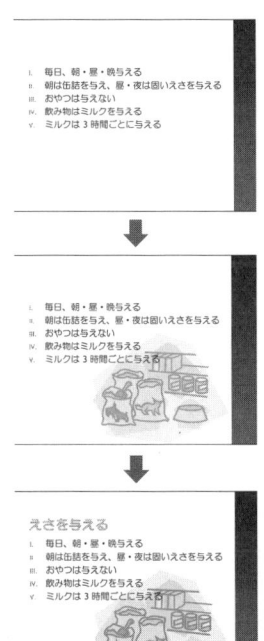

アニメーションが完成したら
キーボードの「F5」キーを押して
スライドショーを開始させてみましょう．

11 高度なスライドをつくってみよう

Presentation

◆学習のポイント
・文字（フォント）の装飾　・背景の変更

例題 11.1　文字の色や大きさを変えて，
　　　　　　次のスライドをつくってみよう！

①

ペットの飼い方
本多　太郎

②

えさを与える
I. 毎日、朝・昼・晩与える
II. 朝は缶詰を与え、昼・夜は固いえさを与える
III. おやつは与えない
IV. 飲み物はミルクを与える
V. ミルクは3時間ごとに与える

③

トイレの処理
● トイレは基本的に夜に処理する
● 処理の仕方は、シャベルで汚物をとる
● その後、新しい砂を補充する
● 捨てる袋は二重にする

④

ペットのために
● 毎週日曜日は小屋の掃除をするあ
　・えさは残さないように与える
● トイレの処理は必ずする
　・1日1時間は散歩に行かせる

ペットがすみやすくしよう！

11.1 文字の色を変えてみよう！

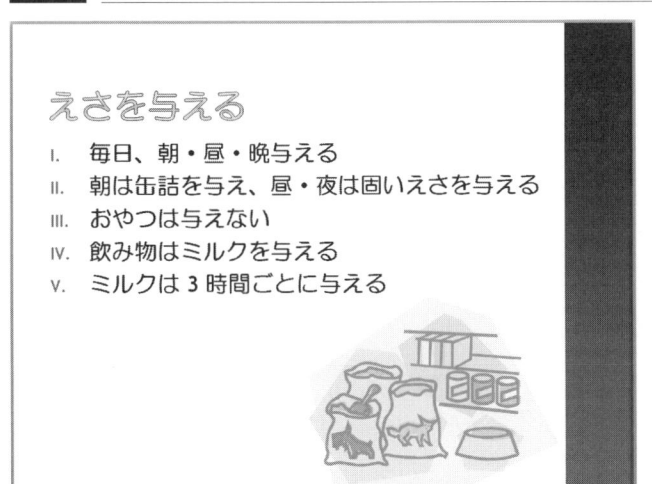

上のスライドの文字（フォント）の色を変えてみましょう．

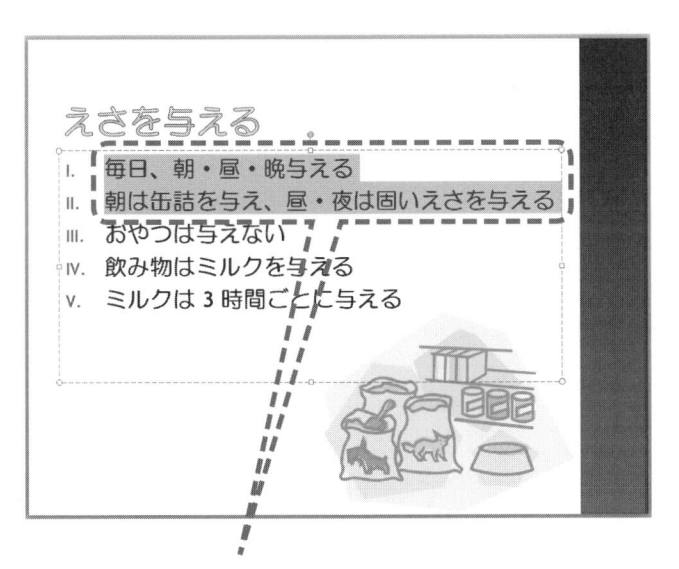

色を変えたい範囲を指示します．

11. 高度なスライドをつくってみよう

「ホーム」タブの「フォントの色」をクリックし，好きな色を選びます．
範囲指定した文字の色が変わります．

他も同じように色を変えます．

11.1 文字の色を変えてみよう！

完成例

●文字の色の詳細設定

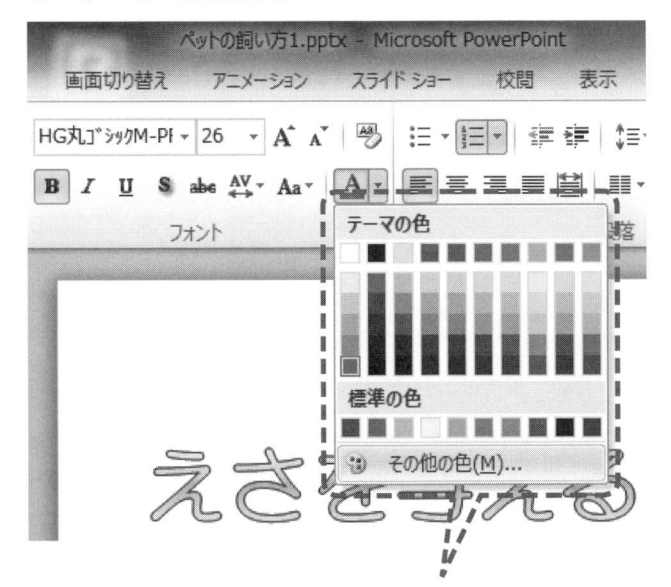

「フォントの色」の「その他の色」をクリックすると…,

11. 高度なスライドをつくってみよう

「色の設定」のウインドウが開きます.

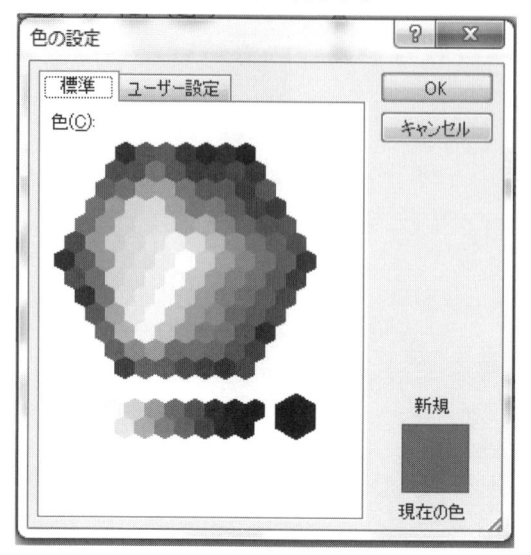

11.2 文字の大きさを変えてみよう！

このスライドの文字の大きさを変えてみましょう.

11.2 文字の大きさを変えてみよう！

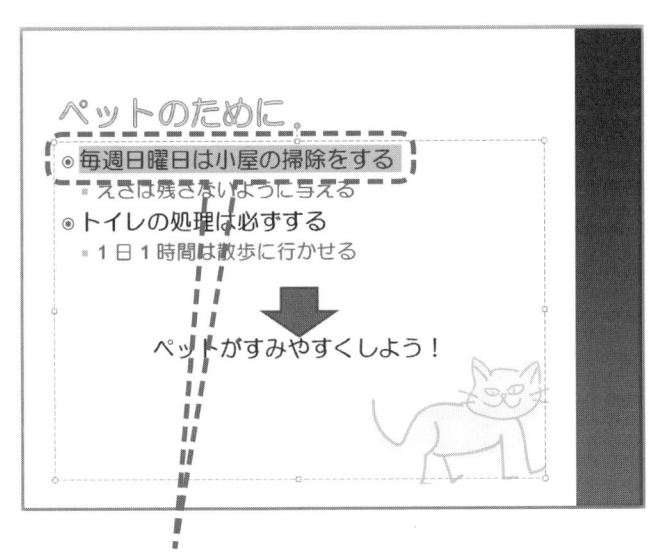

文字の大きさを変えたい範囲を指定し，

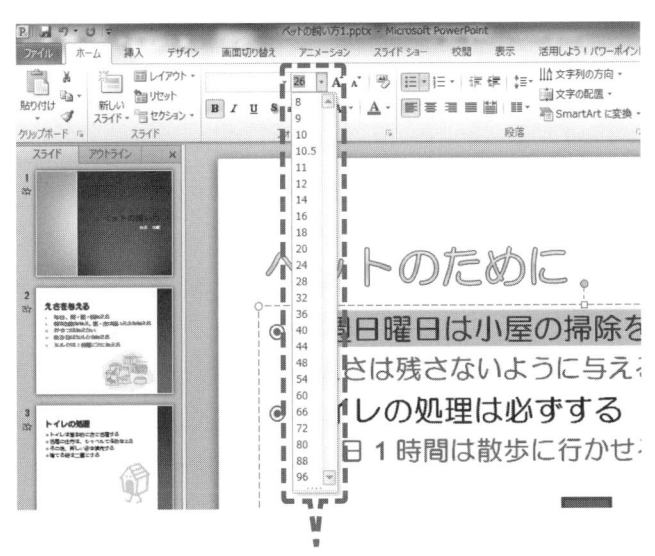

「ホーム」タブのこの画面から好きな大きさを選べます．

11. 高度なスライドをつくってみよう

11.3 その他のフォント設定を覚えよう！

B 太字	あ ➡ **あ**		**S** 文字の影	あ ➡ あ
I 斜体	あ ➡ *あ*		abc 取り消し線	あ ➡ ~~あ~~
U 下線	あ ➡ あ			

11.4 背景の色を変えてみよう！

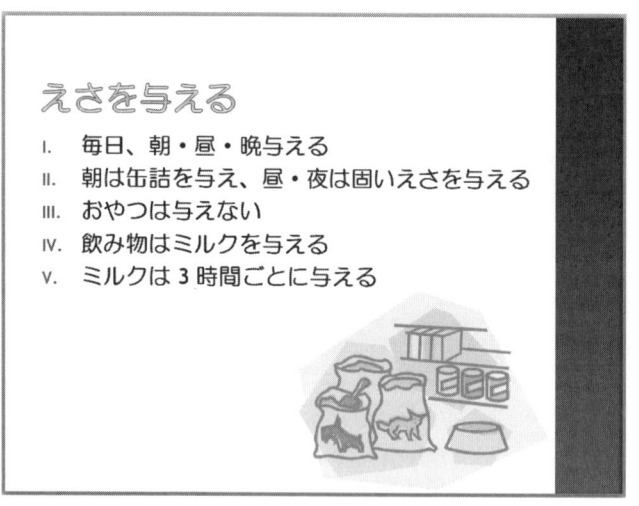

背景を変えたいスライドを選びます．

11.4　背景の色を変えてみよう！

「デザイン」タブの「背景のスタイル」をクリック．

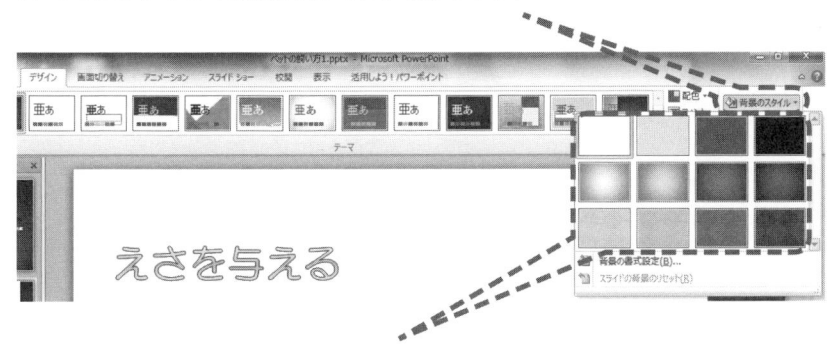

ここから好きな背景の色を選べます．

● 背景の詳細設定

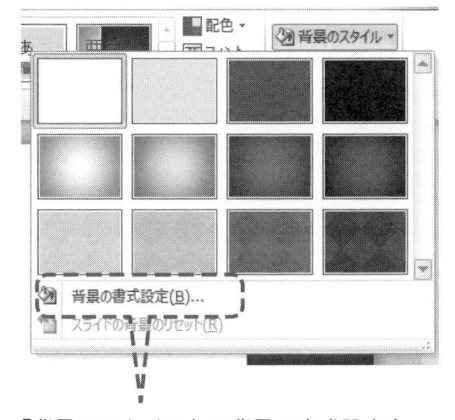

「背景のスタイル」の背景の書式設定を
クリックすると…．

「背景の書式設定」の
ウインドウが開きます．

11. 高度なスライドをつくってみよう

①「塗りつぶし（単色）」を選んだ場合

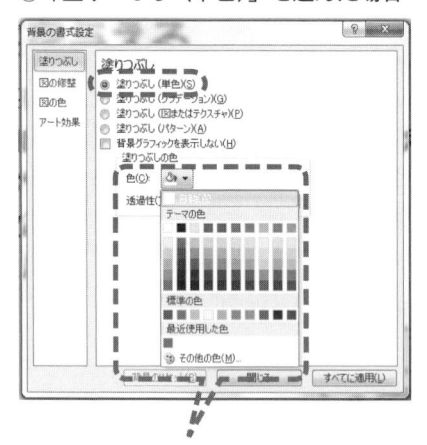

「色」から好きな色を選べます．

②「塗りつぶし（グラデーション）」を選んだ場合

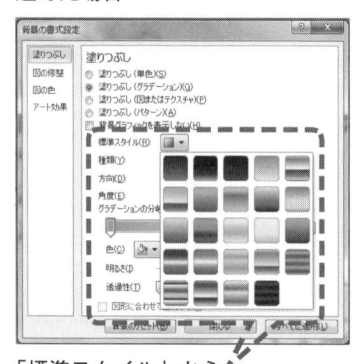

「標準スタイル」から
好きな色を選べます．

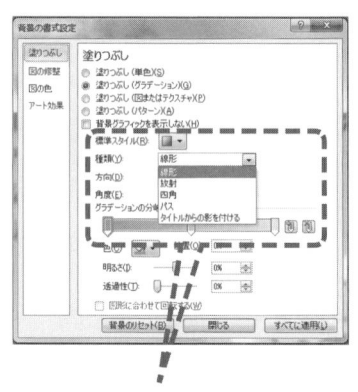

「種類」でグラデーションのタイプを選べます．

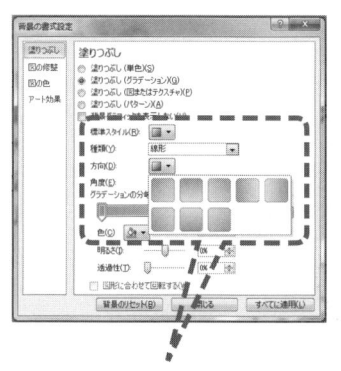

11.4 背景の色を変えてみよう！

「方向」でグラデーションの方向を選べます．

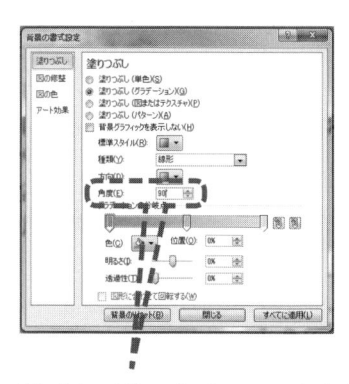

「角度」でグラデーションの角度を変えることができます．

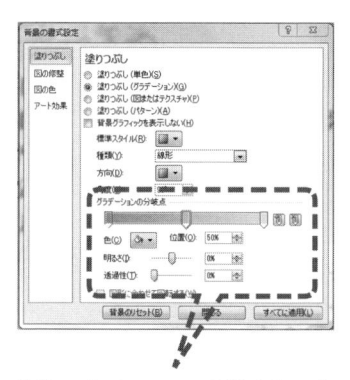

「グラデーションの分岐点」で色の濃さや度合いを変えることができます．

11. 高度なスライドをつくってみよう

たとえば，「分岐点」の位置を0%から50%に変えると下のようになります．

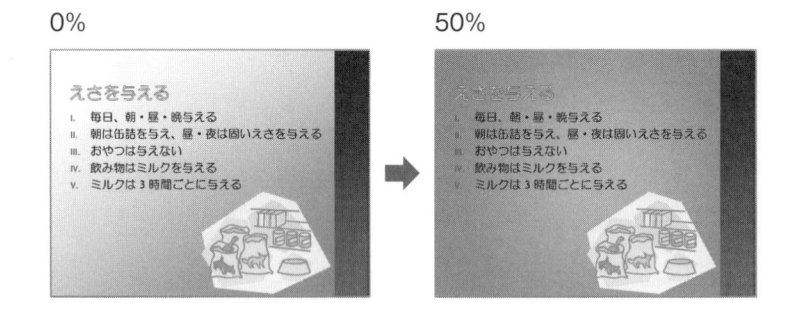

0%　　　　　　　　　　　　　50%

また，「透明度」を0%から100%に変えると下のようになります
（分岐点が50%の場合）

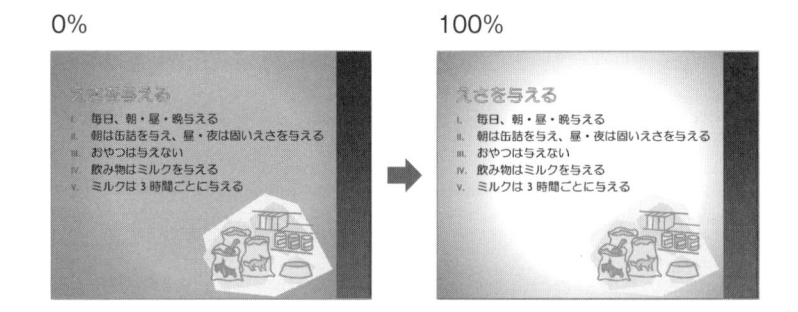

0%　　　　　　　　　　　　　100%

③「塗りつぶし（図またはテクスチャ）」
を選んだ場合

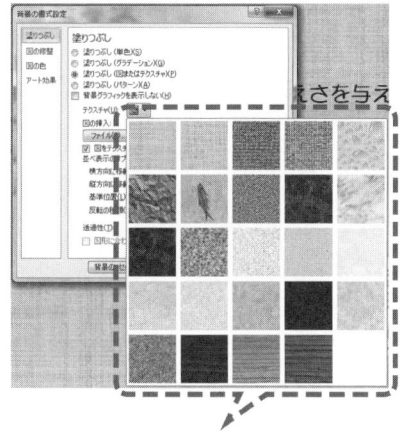

「テクスチャ」から好きな背景選べます。

11.5　チャレンジ6

次のスライドをつくってみよう！

①

ペットの飼い方
本多　太郎

②

えさを与える
I. 毎日、朝・昼・晩与える
II. 朝は缶詰を与え、昼・夜は固いえさを与える
III. おやつは与えない
IV. 飲み物はミルクを与える
V. ミルクは3時間ごとに与える

11. 高度なスライドをつくってみよう

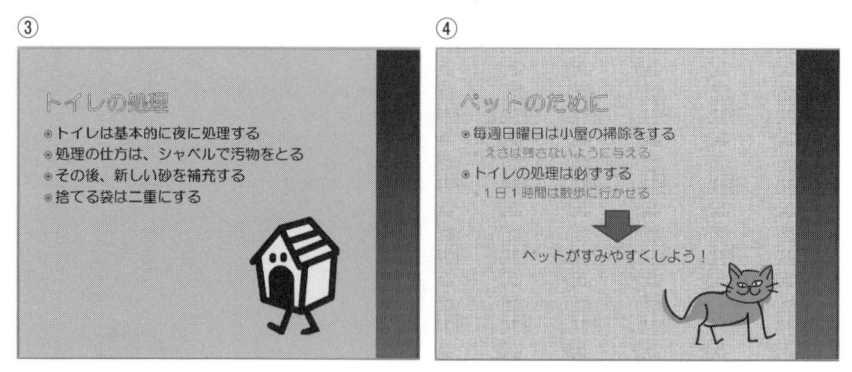

③

トイレの処理
- トイレは基本的に夜に処理する
- 処理の仕方は、シャベルで汚物をとる
- その後、新しい砂を補充する
- 捨てる袋は二重にする

④

ペットのために
- 毎週日曜日は小屋の掃除をする
  - えさは残さないように与える
- トイレの処理は必ずする
  - 1日1時間は散歩に行かせる

ペットがすみやすくしよう！

出来上がったらファイル名を「チャレンジ６」として保存しよう！

12 スライドに図を入れてみよう
Presentation

◆学習のポイント
・SmartArt グラフィックの使い方　・図形・文字の編集

例題 12.1 次のスライドをつくってみよう！

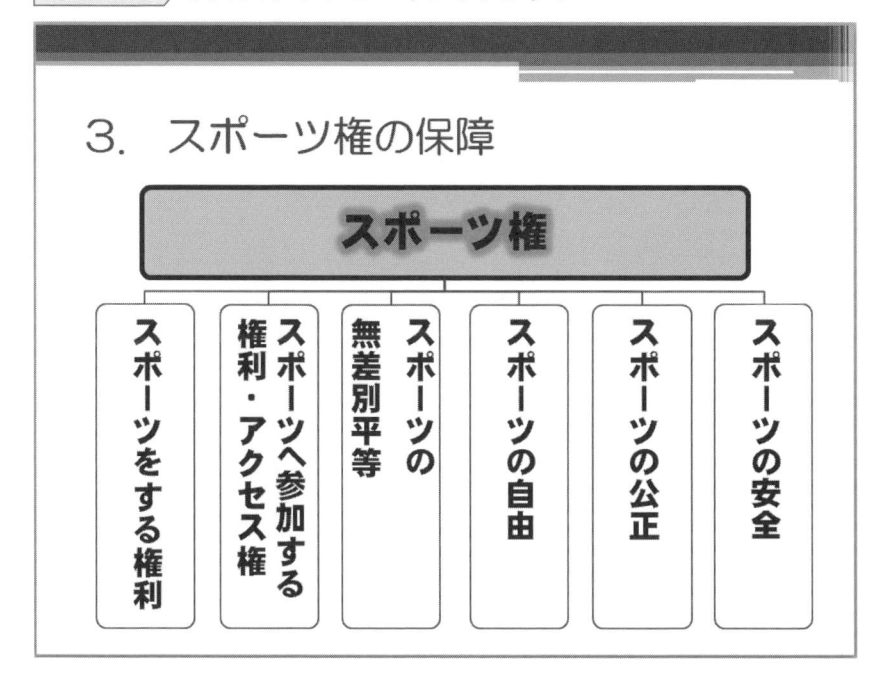

3. スポーツ権の保障

```
              ┌─────────────┐
              │  スポーツ権  │
              └─────────────┘
    ┌──────┬──────┬──────┬──────┬──────┬──────┐
 スポーツ  スポーツへ  スポーツの  スポーツの  スポーツの  スポーツの
 をする権利 参加する権  無差別平等  自由      公正      安全
          利・アクセ
          ス権
```

[出典] 齋藤健司：スポーツ立国戦略に関するスポーツ基本法立法の視角からの提言——スポーツ政策形成過程におけるヒアリング制度の課題，筑波大学体育科学系紀要，Vol. 34, pp. 91-98, 2011.

12. スライドに図を入れてみよう！

12.1 図を挿入してみよう！

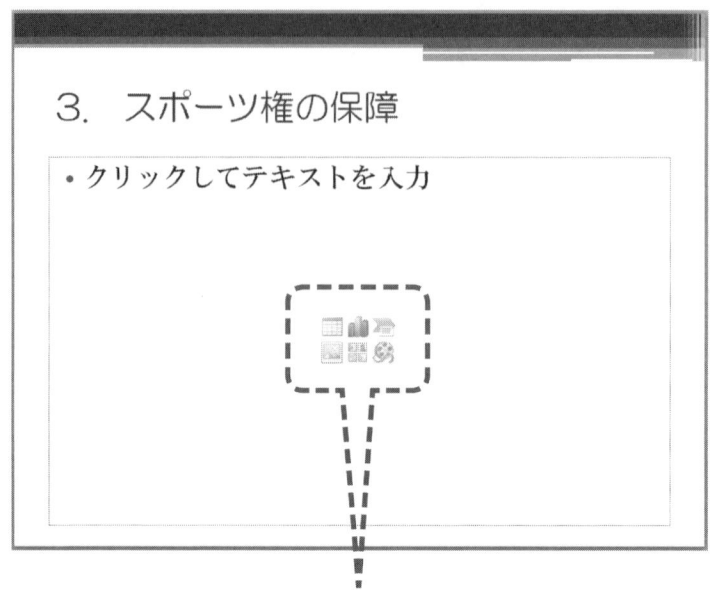

この画面で，右上の「SmartArt グラフィックの挿入」をクリック．

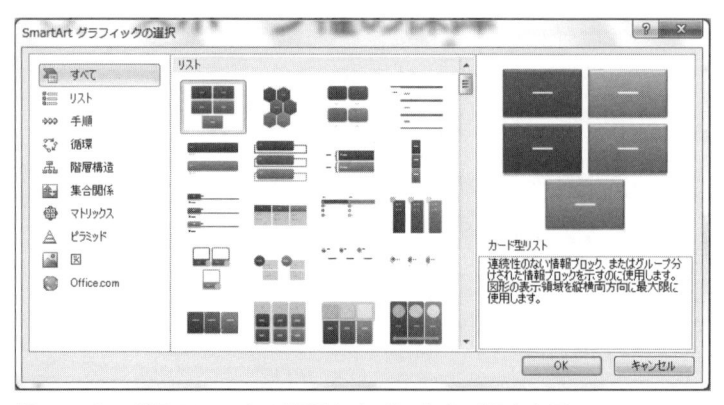

「SmartArt グラフィックの選択」ウインドウで好きな図の
タイプを選べます．

12.1 図を挿入してみよう！

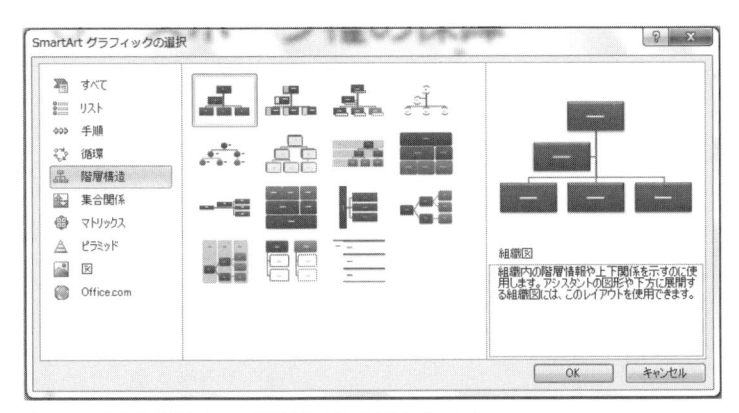

今回は「階層構造」の「組織図」を挿入します．

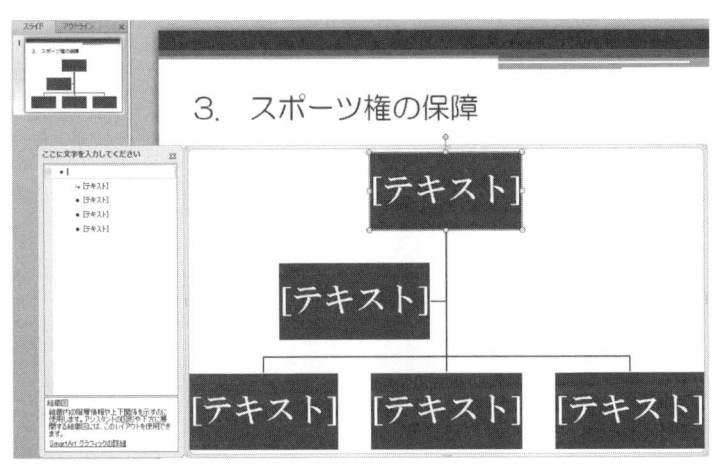

このようになります．

12. スライドに図を入れてみよう！

● SmartArt グラフィックを挿入するもう一つの方法

「挿入タブ」の「SmartArt」をクリックし，
「SmartArt グラフィックの選択」ウインドウを開くこともできます．

12.2 文字の入力・色の変更をしてみよう！

●文字の入力

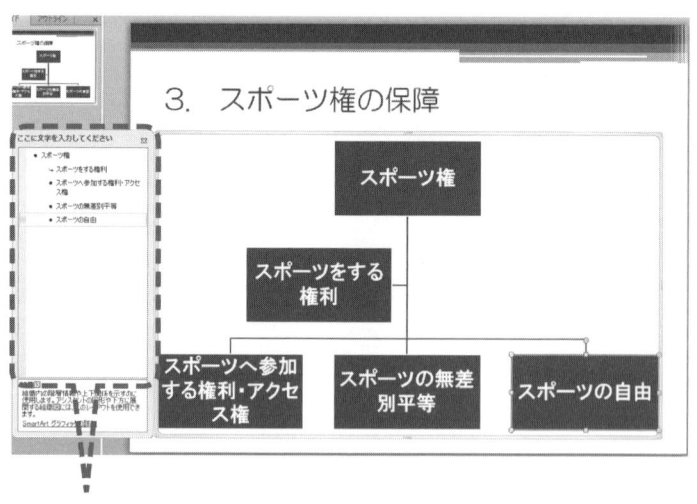

「ここに文字を入力してください」ウインドウの中に
順番に文字を入力していきます．

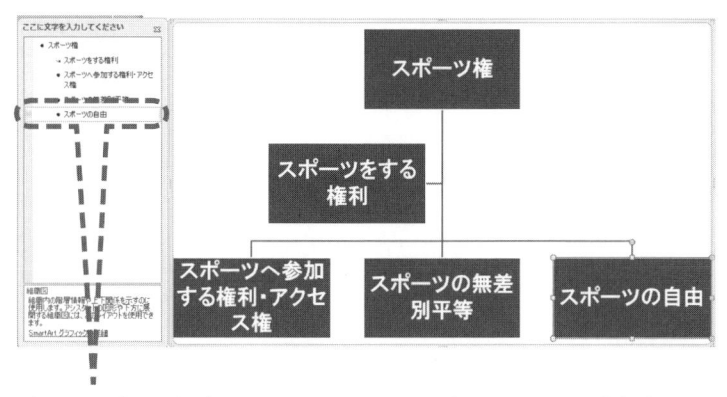

12.2 文字の入力・色の変更をしてみよう！

ボックスが足りなくなったら，末尾でキーボードの Enter を押すとボックスが追加されます．

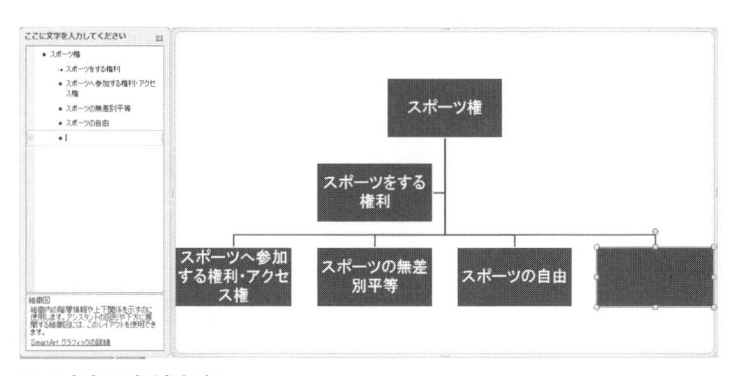

このようになります．

⚠ **注意**

ボックスの中で文字を入力することもできますが，この場合，末尾で Enter を押してもボックスは追加されません．

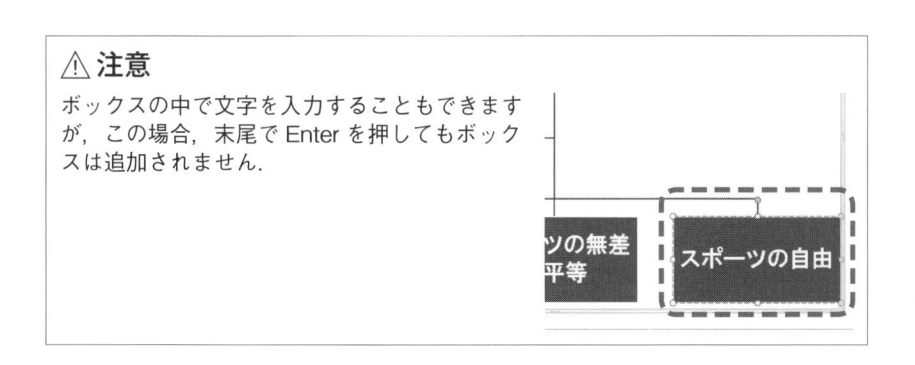

12. スライドに図を入れてみよう！

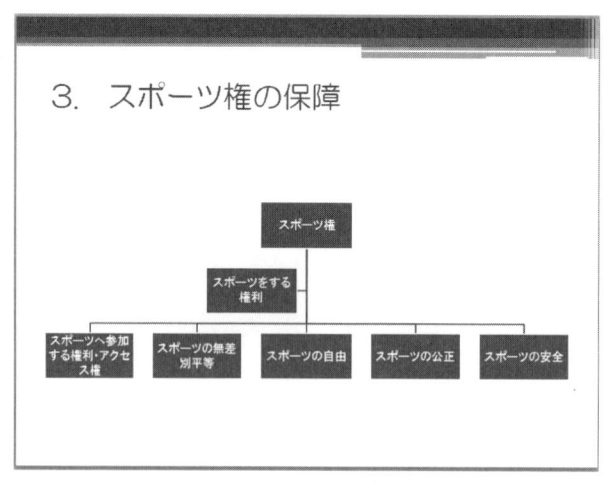

このようになります．

● 色の変更

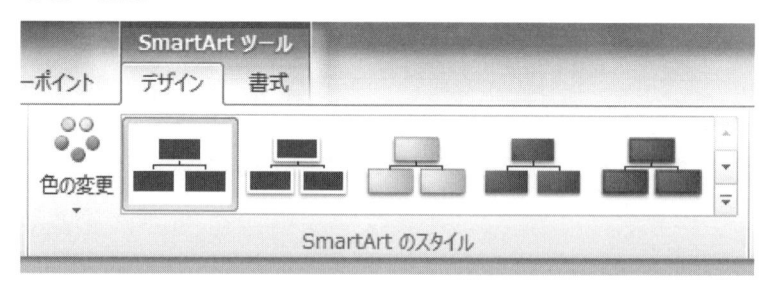

「SmartArt ツール」の「デザイン」タブの中にある「色の変更」を
クリックします．

12.2 文字の入力・色の変更をしてみよう！

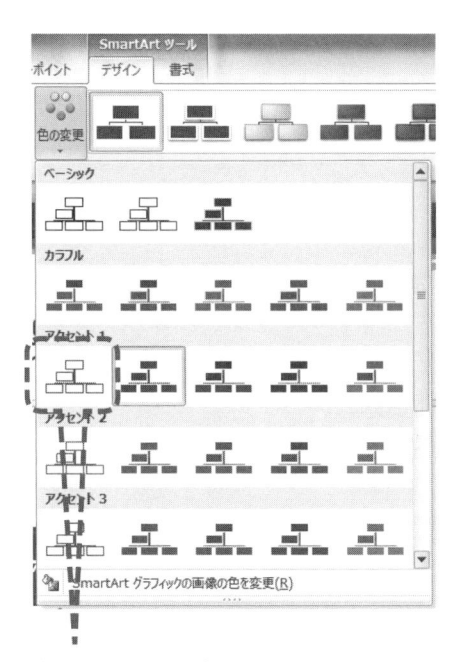

上のウインドウが開きます．
今回は「枠線のみ - アクセント 1」を選択してください．

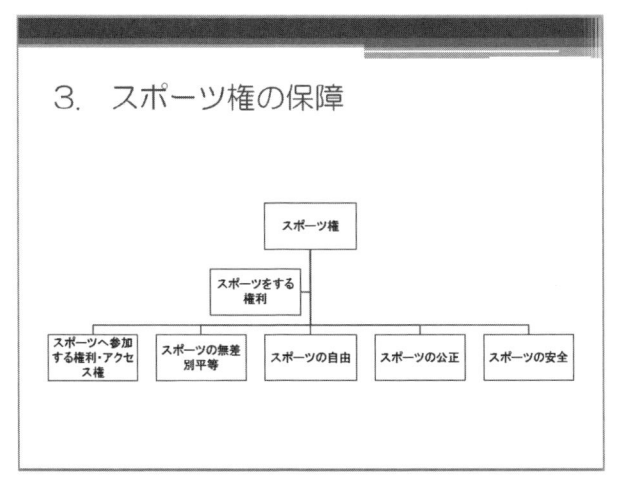

このようになります．

12. スライドに図を入れてみよう！

●線の色の変更

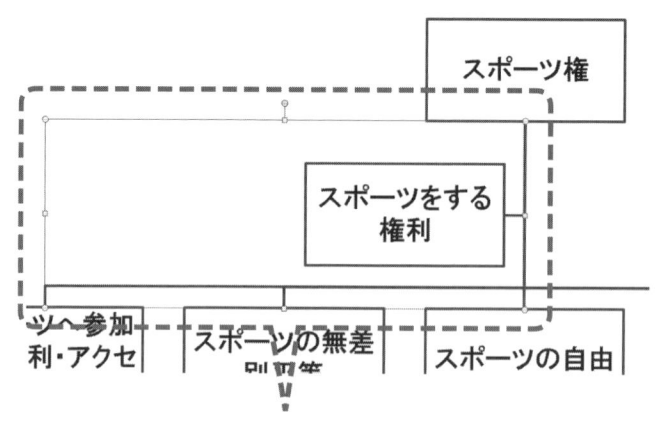

線を左クリックして四角い枠を表示させます．

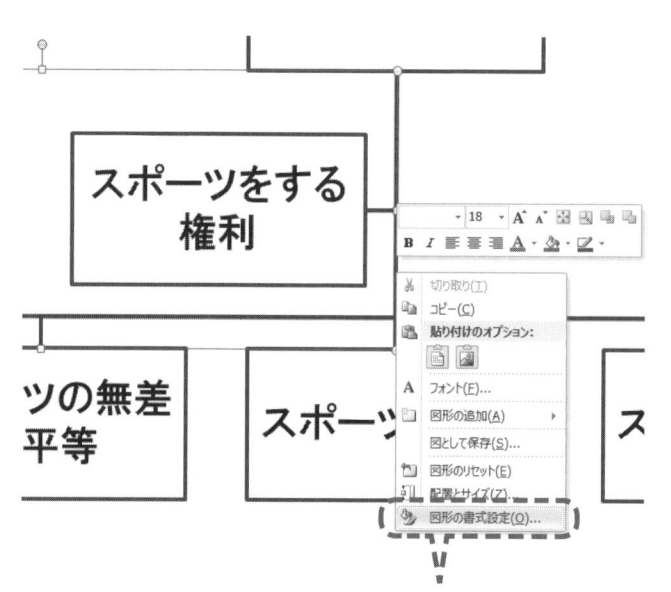

枠を右クリックし，「図形の書式設定」をクリックし，

12.2 文字の入力・色の変更をしてみよう！

「図形の書式設定」ウインドウを開きます．

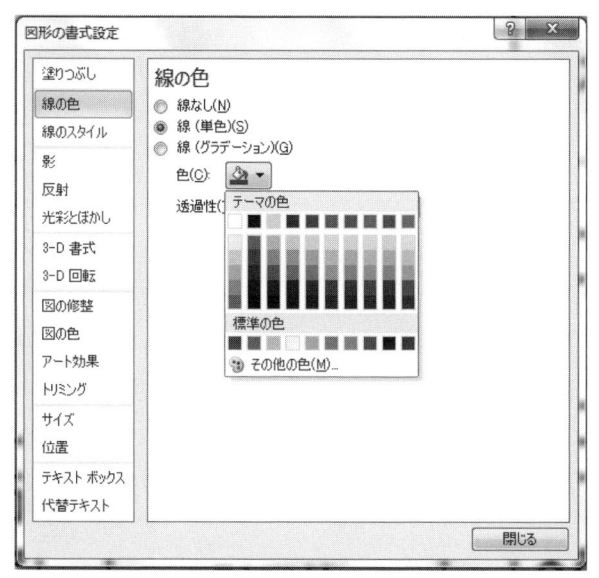

「線の色」から「線（単色）」を選択し，好きな色を選びます．

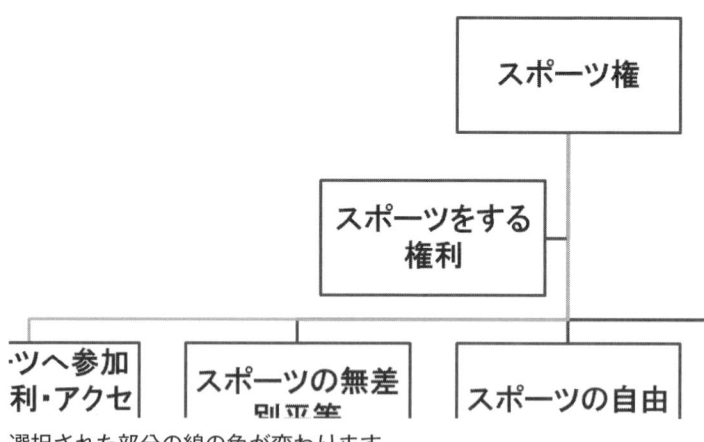

12. スライドに図を入れてみよう！

選択された部分の線の色が変わります．

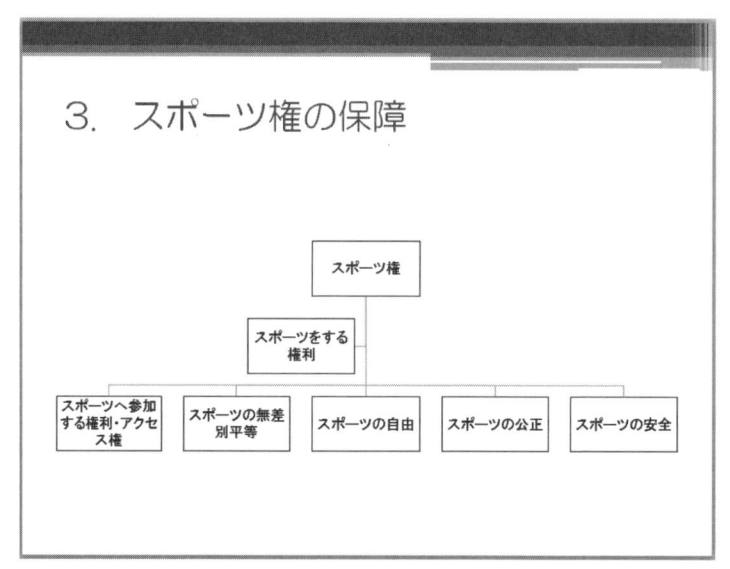

他の線についても同様に色を変更すると，このようになります．

12.3　図の編集をしてみよう！

12.3　図の編集をしてみよう！

●レイアウトの変更

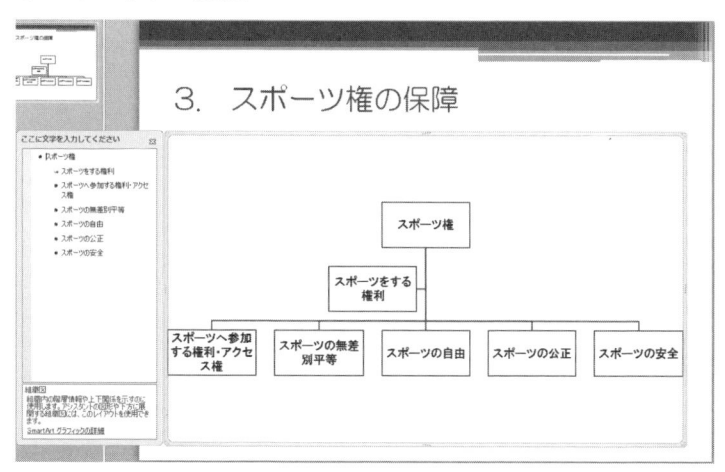

まず図をクリックし，枠を表示させておきます．

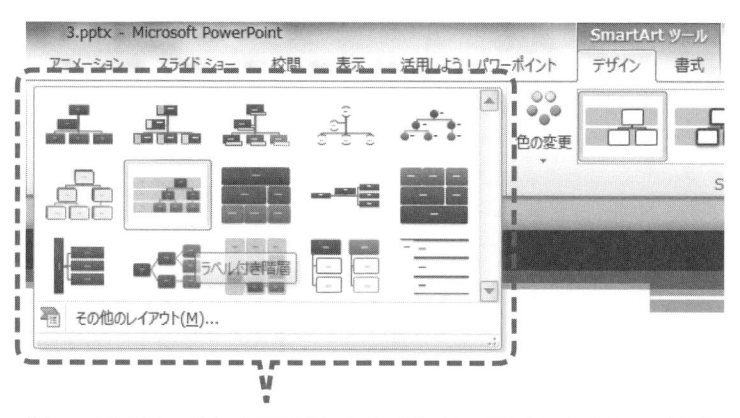

「SmartArt ツール」，「デザイン」タブの「レイアウト」グループから
好きな図のスタイルを選択します．今回は「ラベル付階層」を選択します．

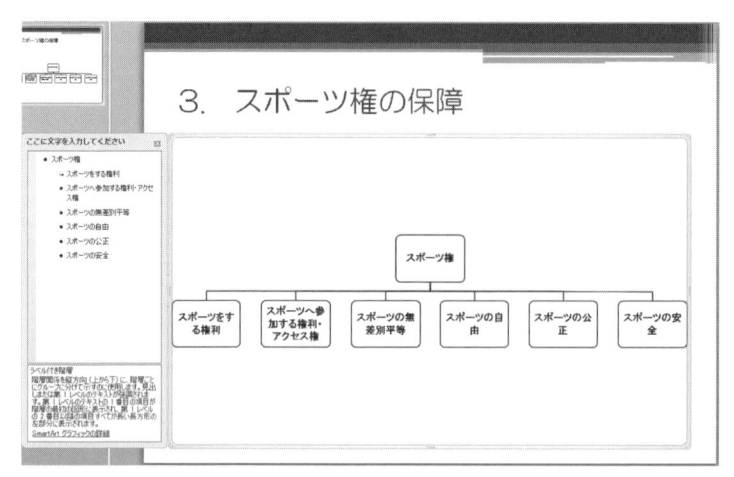

12. スライドに図を入れてみよう！

このようになります．

●図を整形する

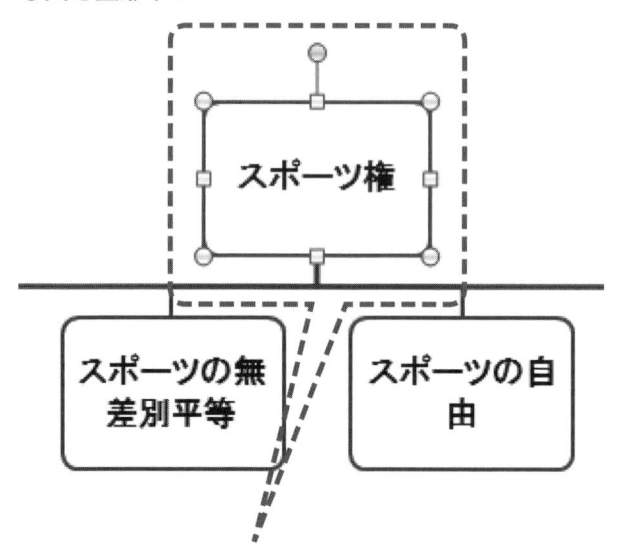

整形したい図形をクリック．

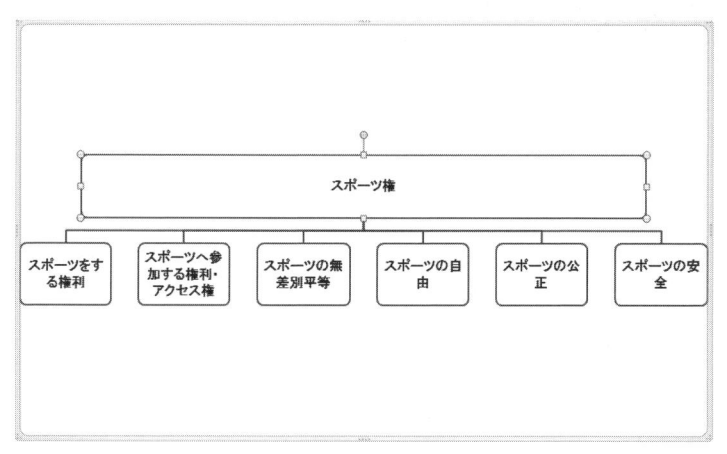

枠の角をドラッグすることで，好きな形に変えることができます．

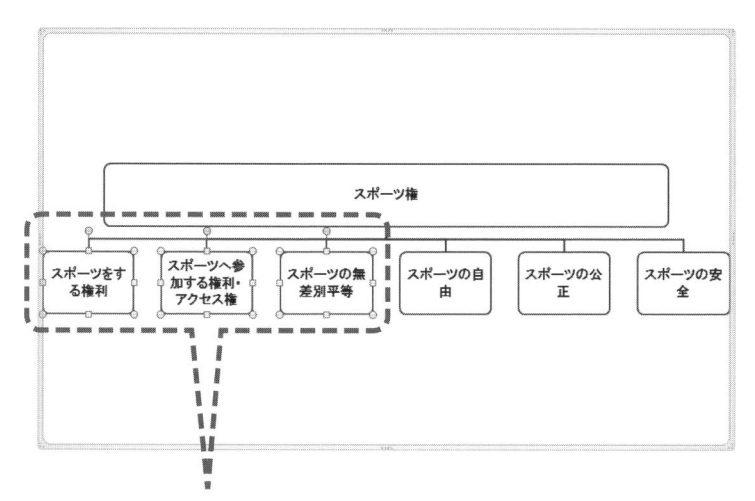

複数の図形を一度に整形するときは，キーボードの Ctrl キーを押しながら，整形したい図形をクリックします．あとは，選択した図形のどれか一つの形を変えるだけで，他の図形も同様に変形します．

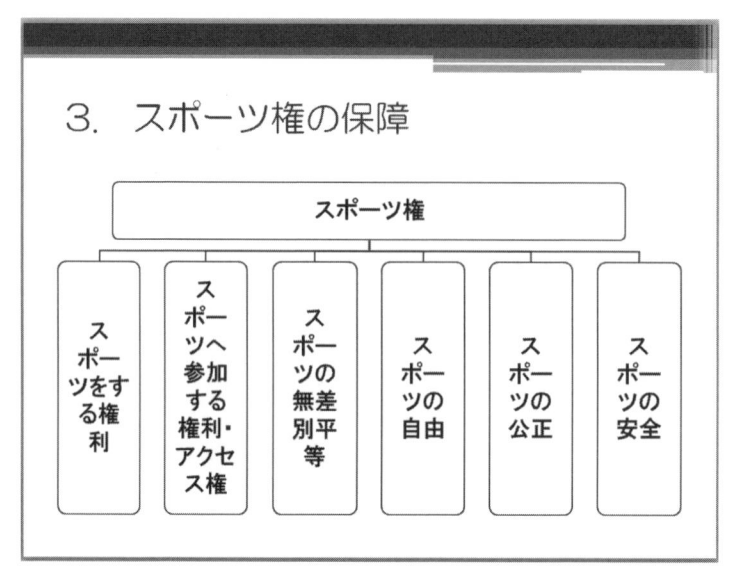

12. スライドに図を入れてみよう！

3. スポーツ権の保障

- スポーツ権
  - スポーツをする権利
  - スポーツへ参加する権利・アクセス権
  - スポーツの無差別平等
  - スポーツの自由
  - スポーツの公正
  - スポーツの安全

このようになります．

● 文字を縦書きにする

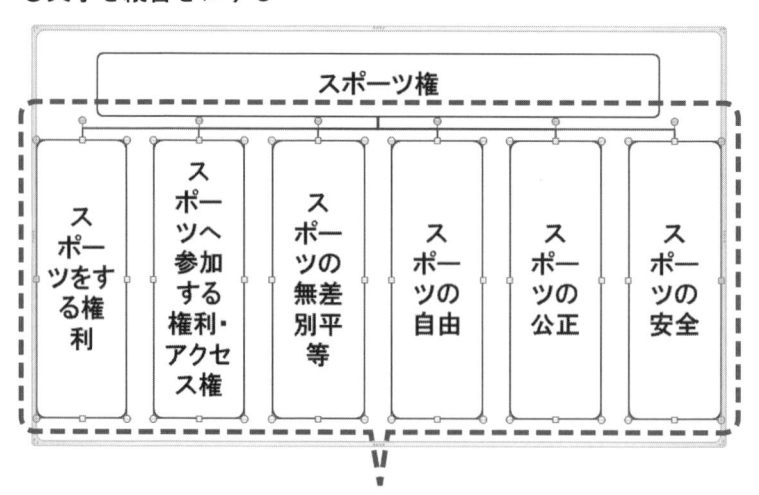

整形のときと同様に，Ctrl キー使って複数箇所を選択します．

12.3 図の編集をしてみよう！

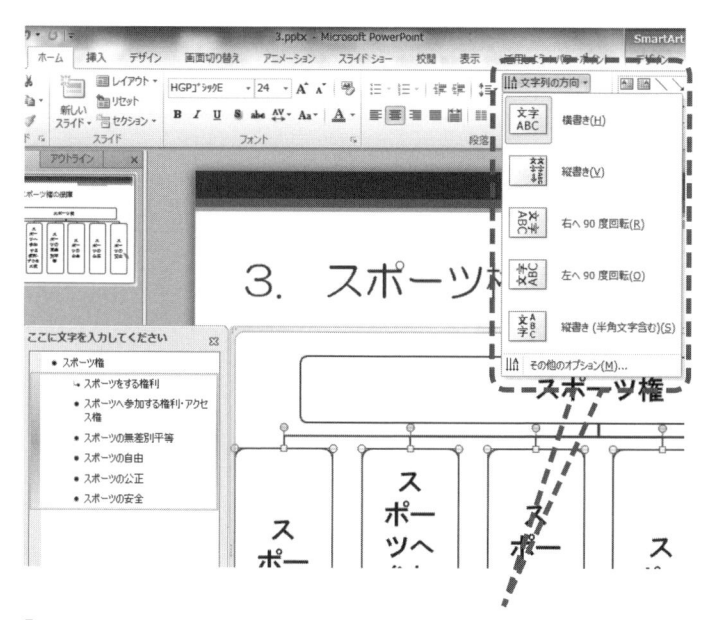

「ホーム」タブの「文字列の方向」から「縦書き」をクリック．

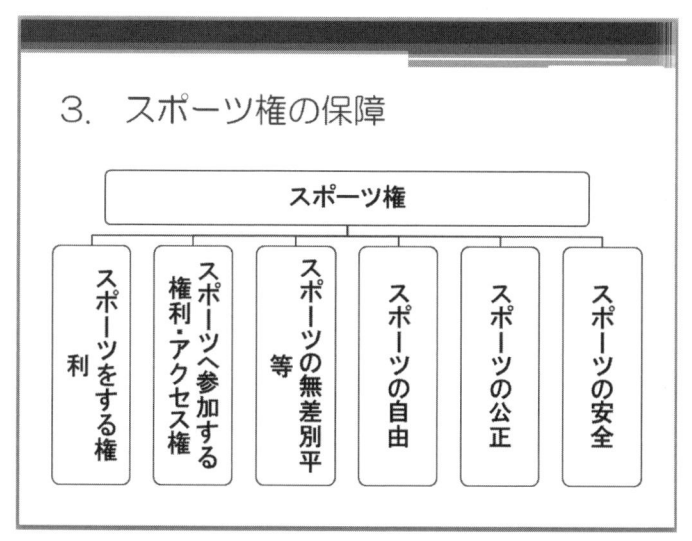

このようになります．

12. スライドに図を入れてみよう！

12.4 文字の色・大きさを変えてみよう！

●文字の色を変える

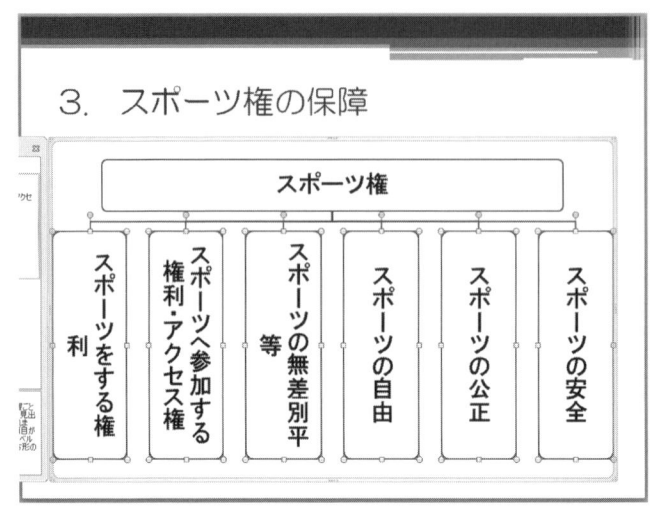

色を変えたい部分を選択します.

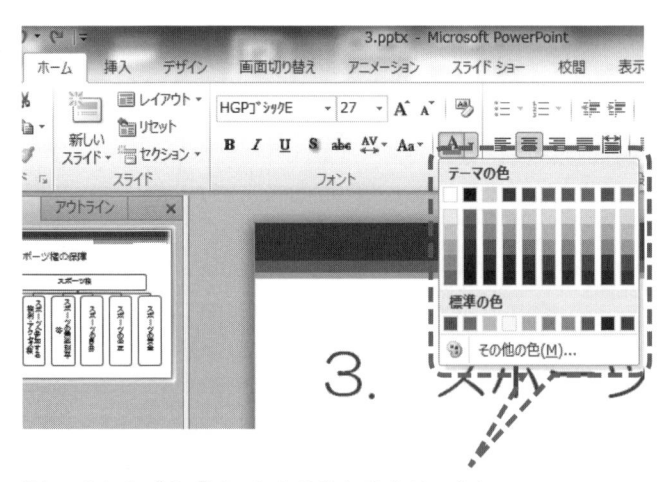

「ホーム」タブの「フォントの色」をクリックし
「テーマの色」から好きな色を選びます.

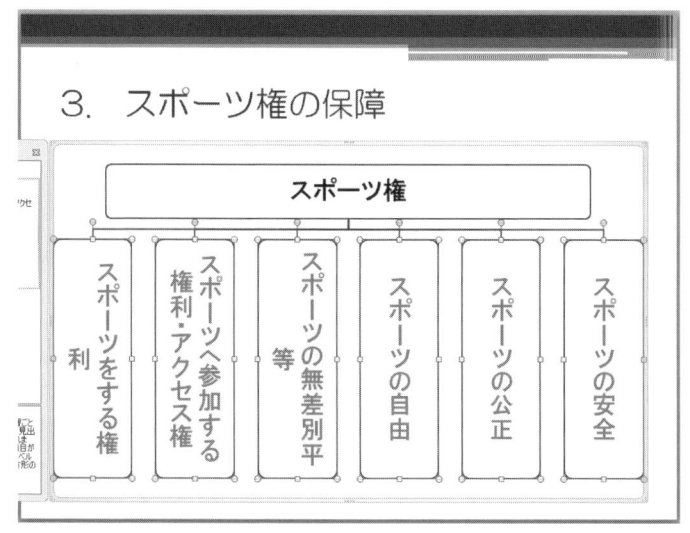

選択した文字の色が変わります．

●文字の大きさを変える

大きさを変えたい部分を選択します．

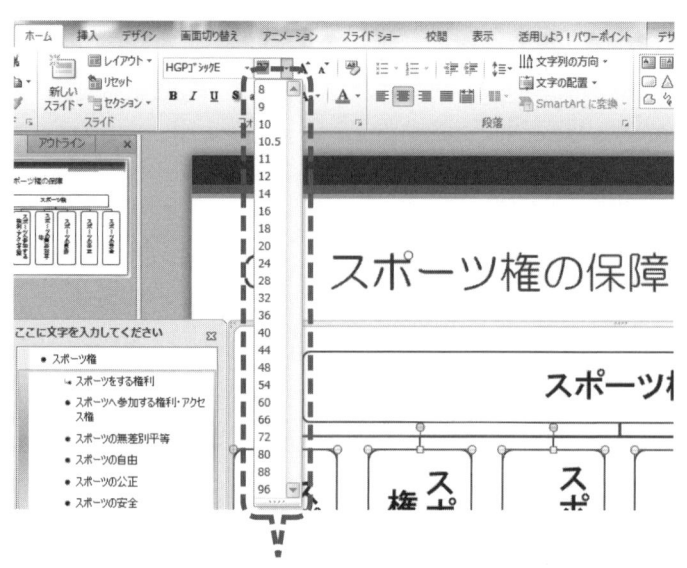

12. スライドに図を入れてみよう！

「ホーム」タブの「フォントサイズ」をクリックし好きなサイズを選びます．

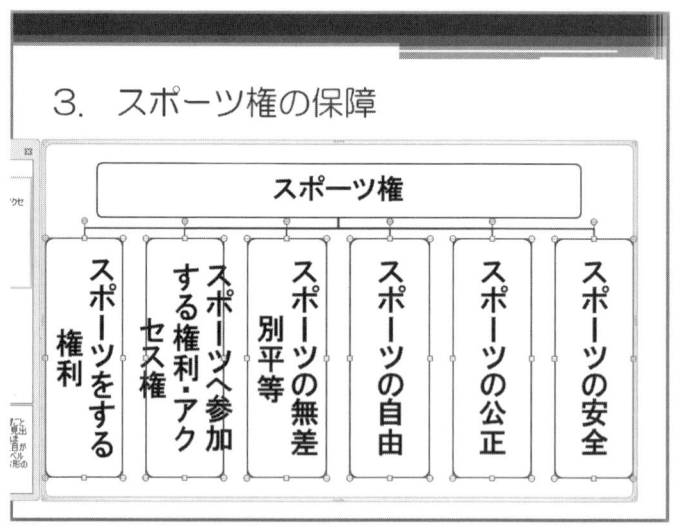

選択した文字の大きさが変わります．

⚠ 注意

文字が枠からはみ出してしまったら，どうする？

① SmartArt グラフィックの枠（灰色の枠）の大きさを変える．

② 文字ボックスの大きさを変える

①，②を試しても文字が収まらない場合は文字の大きさが図に合っていないので，図に合わせて文字の大きさを変えましょう．

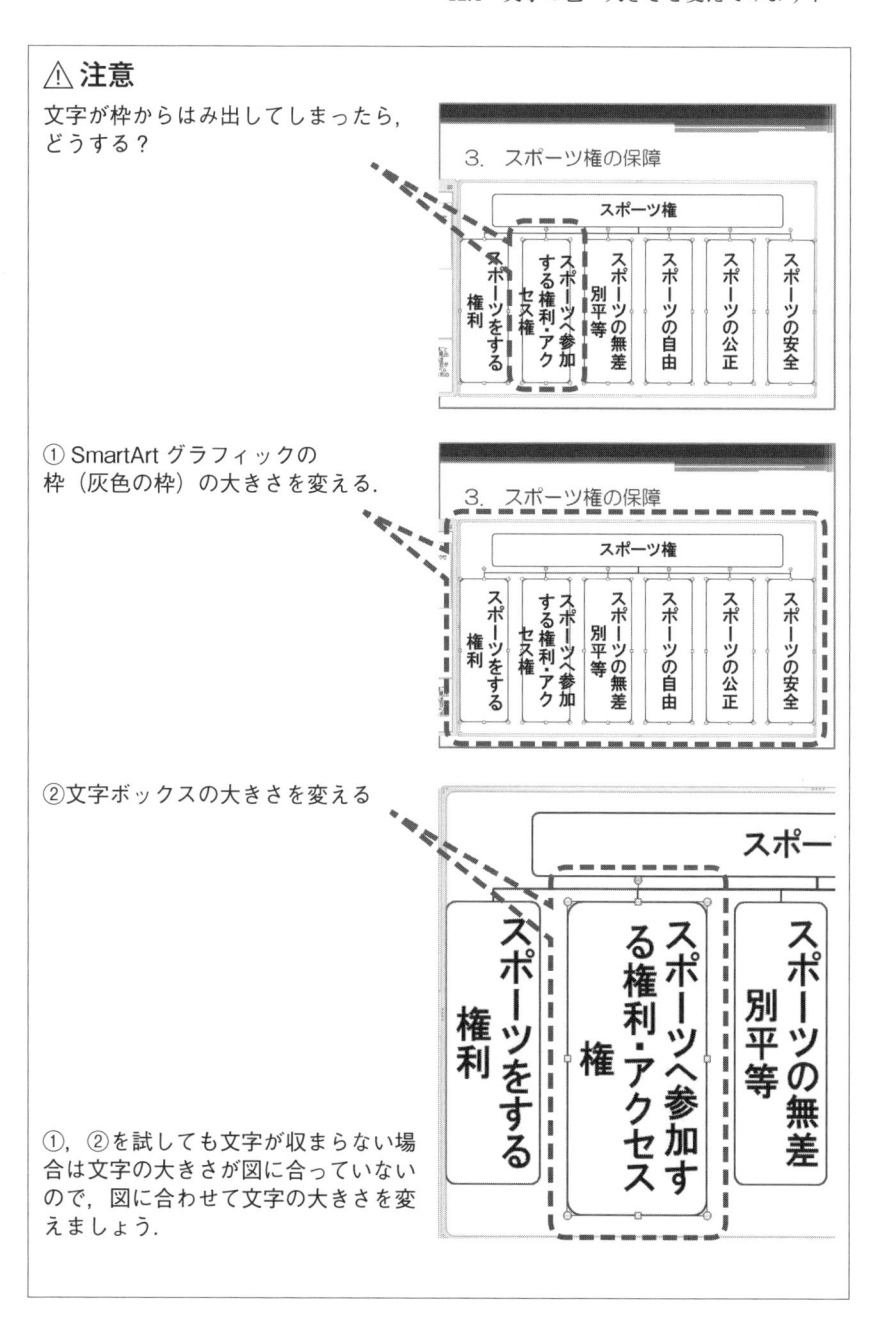

12. スライドに図を入れてみよう！

●文字の種類（フォント）を変える

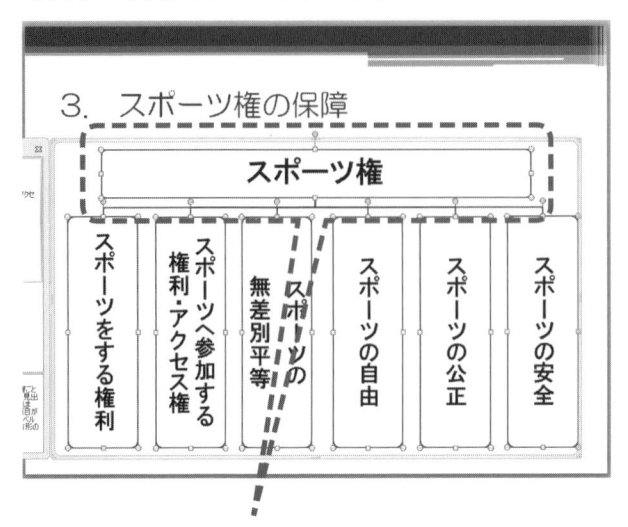

フォントを変えたい部分を選択します．

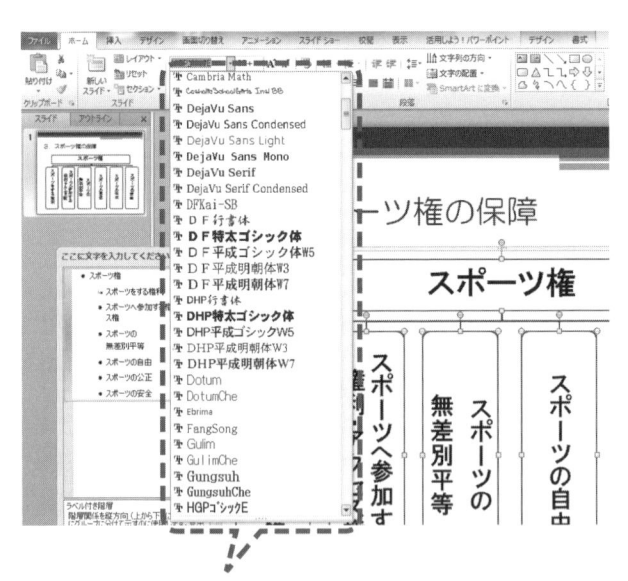

「ホーム」タブの「フォント」をクリックし
好きなフォントを選びます．

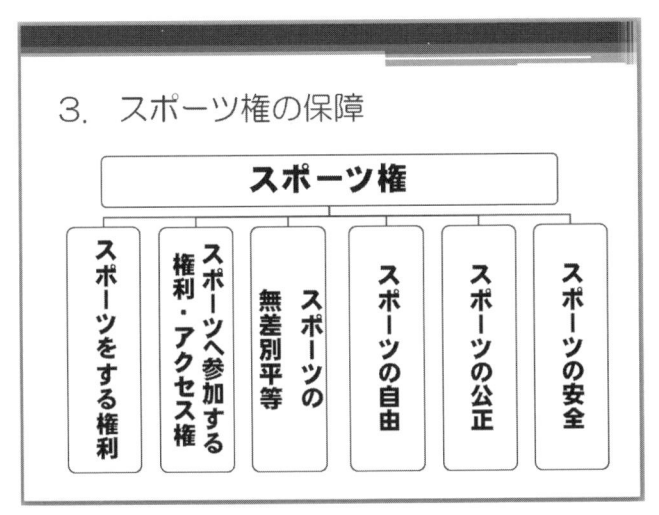

選択した文字のフォントが変わります.

※その他の文字機能については11.3節（103ページ）を参照.

12.5 ボックスの色を変えてみよう！

●ボックスの色を変える

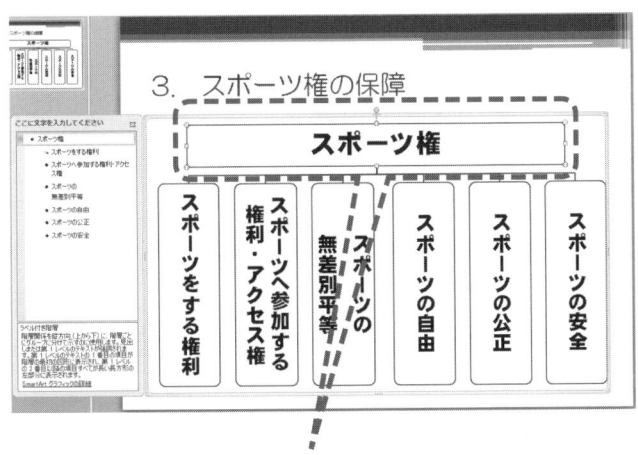

色を変えたいボックスを選択します.

12. スライドに図を入れてみよう！

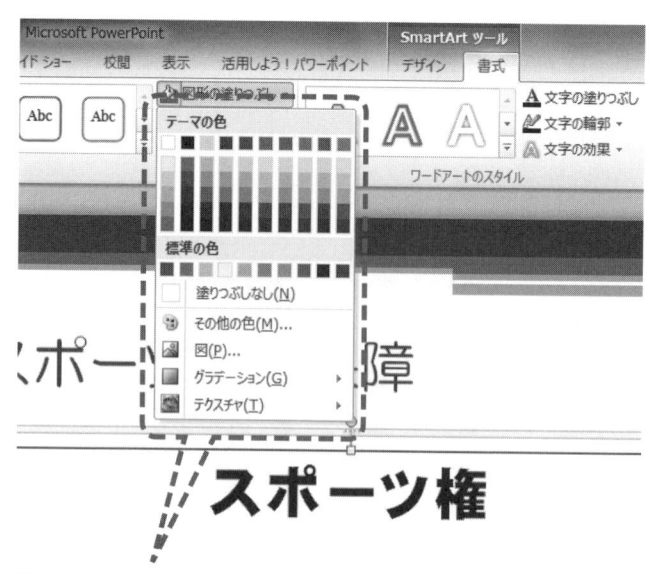

「SmartArt ツール」の「書式」から「図形の塗りつぶし」を選択し，好きな色を選びます．

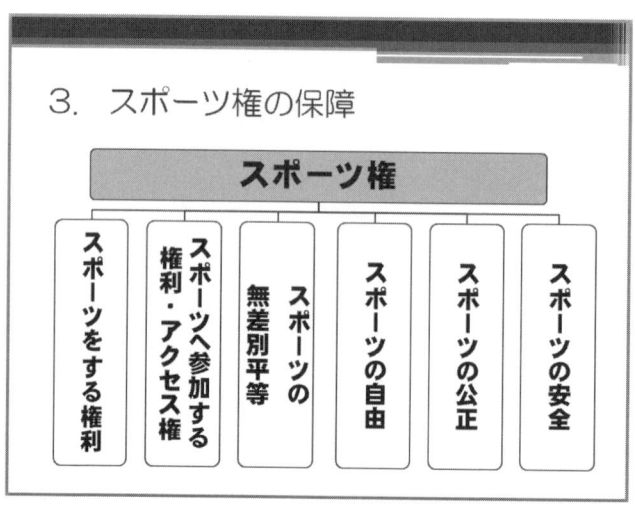

ボックスの色が変わります．

12.5 ボックスの色を変えてみよう！

●ボックスの枠線の色を変える

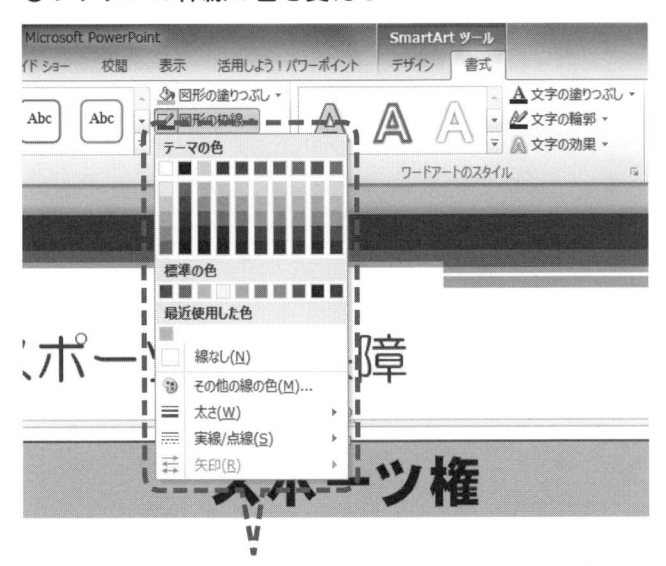

「SmartArt ツール」の「書式」から「図形の枠線」を選択し，好きな色を選びます．試しに「白」にすると…

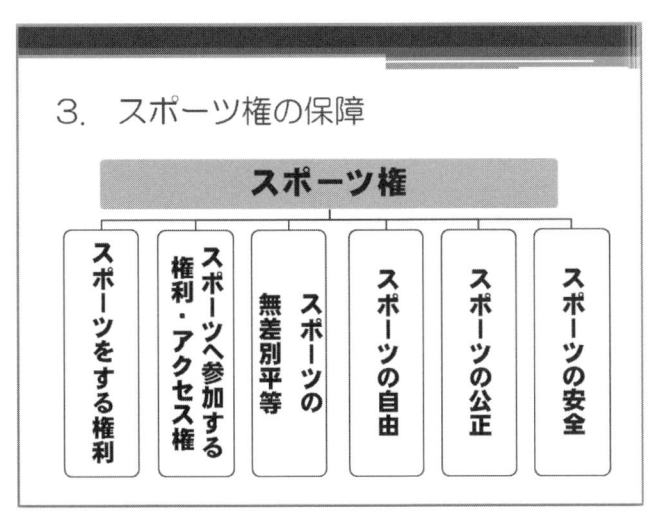

枠線の色が変わります．

12. スライドに図を入れてみよう！

●ボックスの枠線の太さを変える

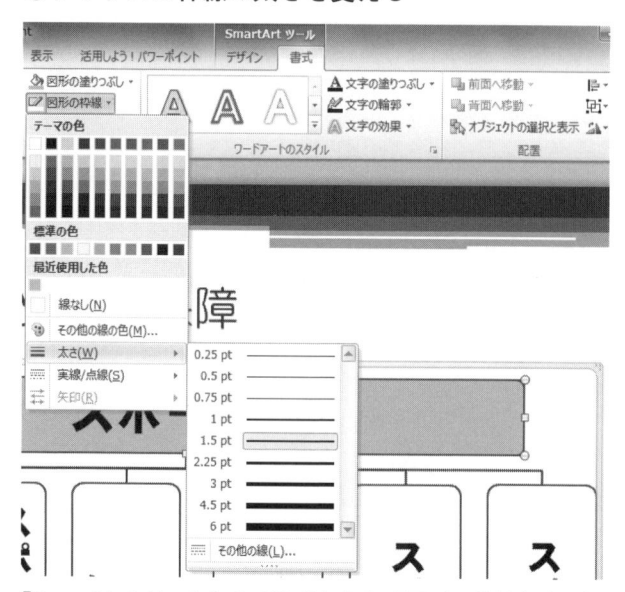

「SmartArtツール」の「書式」から「図形の枠線」を選択し，さらに「太さ」を選択し，好きな枠線の太さを選びます．

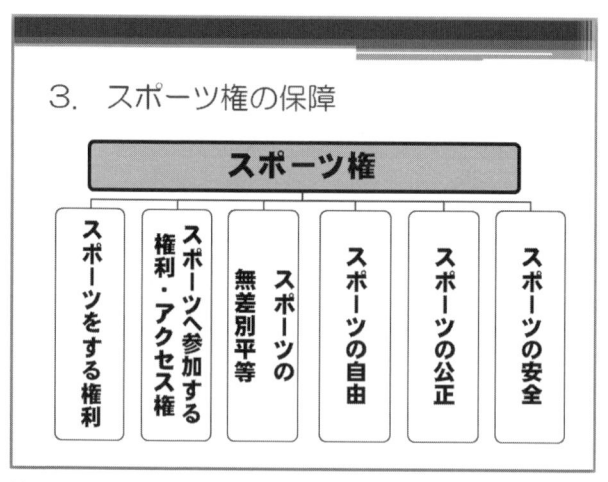

枠線の太さが変わります．

12.6 図形のその他の機能

●図形のスタイル

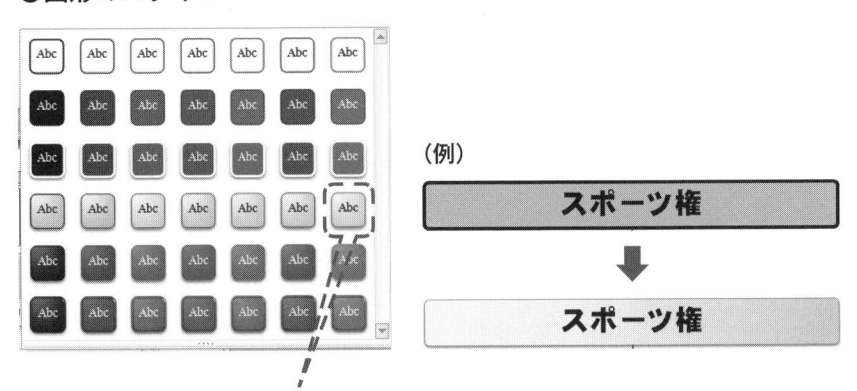

(例)

「SmartArt ツール」の「書式」から「図形のスタイル」でテンプレートを選び，枠をアレンジすることができます．

●図形の効果

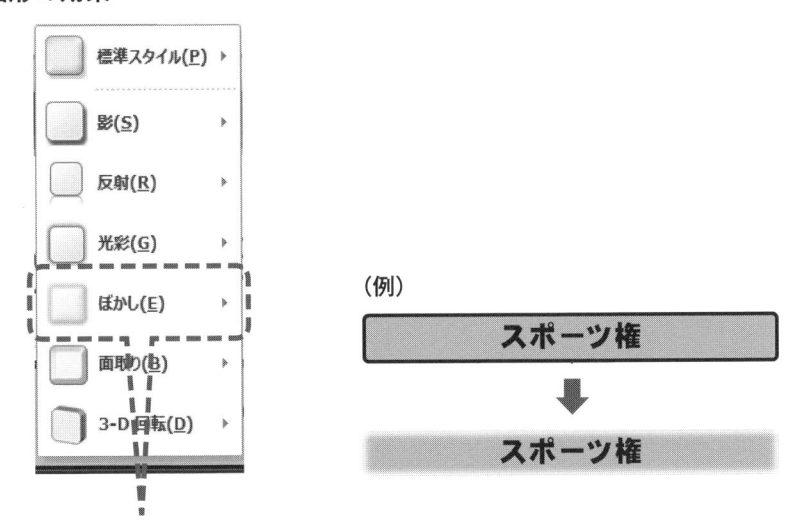

(例)

「SmartArt ツール」の「書式」から「図形の効果」を選択し，ボックスに効果を入れることができます．

12. スライドに図を入れてみよう！

●ワードアート

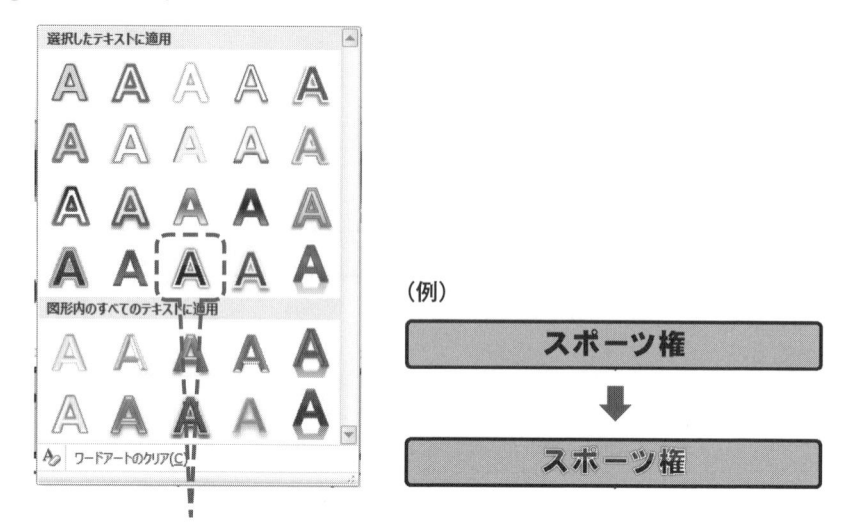

「SmartArt ツール」の「書式」から「ワードアートのスタイル」でテンプレートを選び，ボックス内の文字のスタイルを変えることができます．

●文字の効果

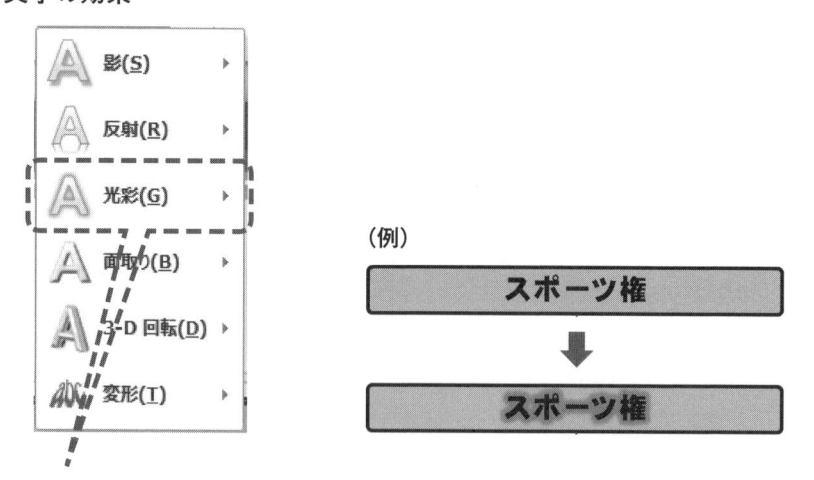

「SmartArt ツール」の「書式」から「文字の効果」を選択し，
ボックス内の文字に効果を入れることができます．

13 スライドに表を入れてみよう

Presentation

◆学習のポイント
・表ツールの使い方

例題 13.1 次のスライドをつくってみよう！

4. 盛んなスポーツ

主なスポーツの種類別行動者率 (%)			
	総数	男性	女性
ウォーキング・軽い体操	34.9	30.6	39.0
ボウリング	18.6	21.0	16.3
水泳	13.8	14.9	12.8
器具を使ったトレーニング	11.2	11.9	10.7

総数の上位4位までを掲載．出典： 平成18年度社会生活基本調査（総務省統計局）

13. スライドに表を入れてみよう！

13.1 表を挿入してみよう！

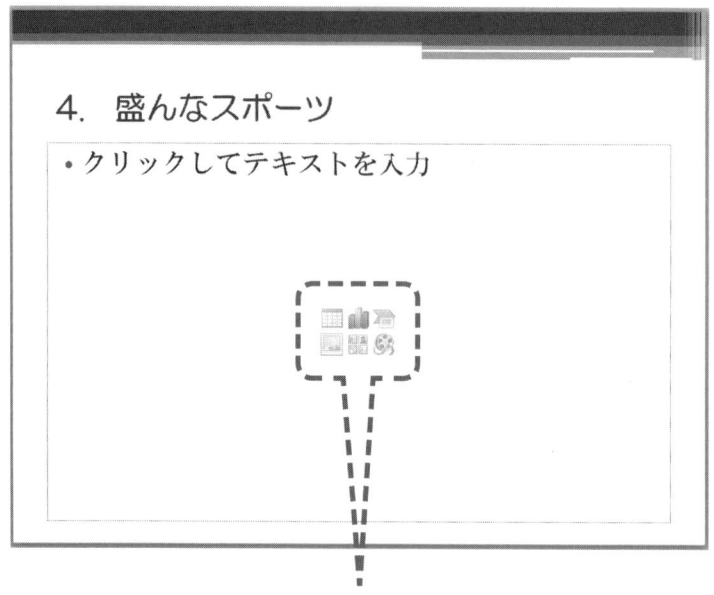

この画面で，左上の「表の挿入」をクリックすると，
下のようなウインドウが開きます．好きな行数・列数を入力します．
（今回は列数を 4，行数を 6 と入力して下さい）

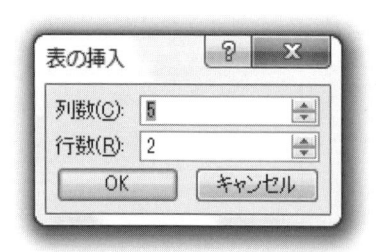

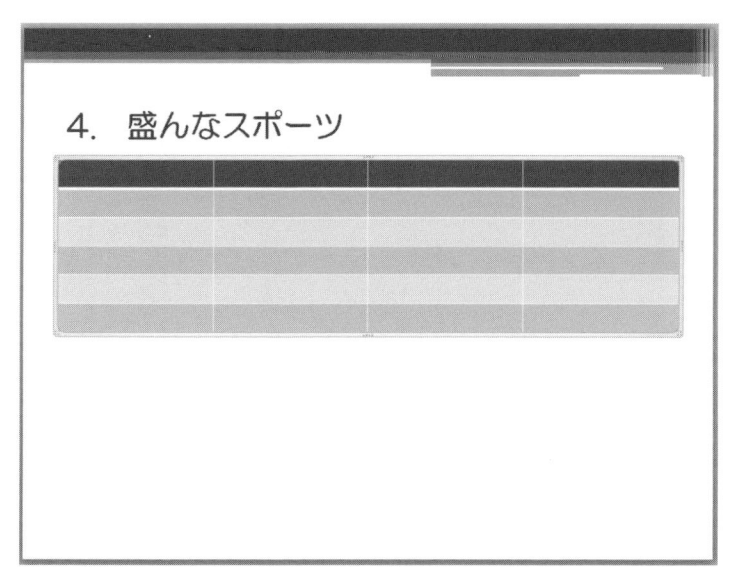

このようになります

13.2 表に文字を入力してみよう！

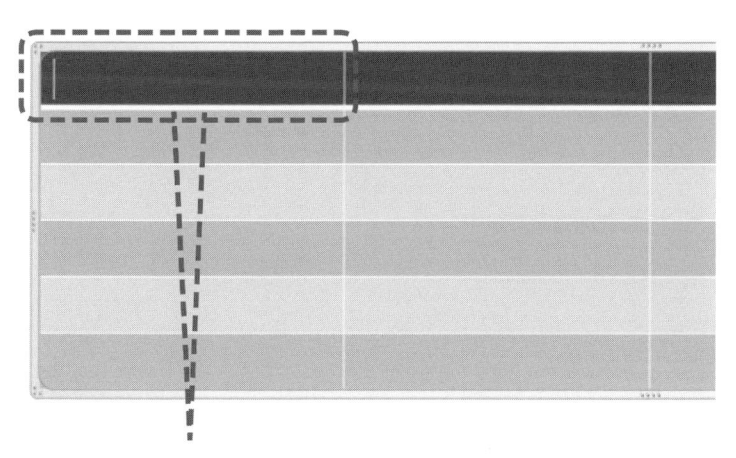

文字を入力したい場所を選択し，文字を入力します．

13. スライドに表を入れてみよう！

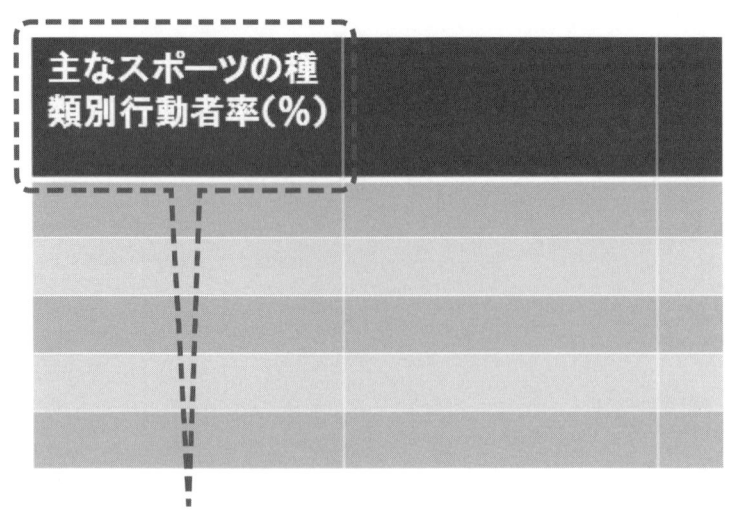

このようになります．

●一行全体に文字を入力したいとき

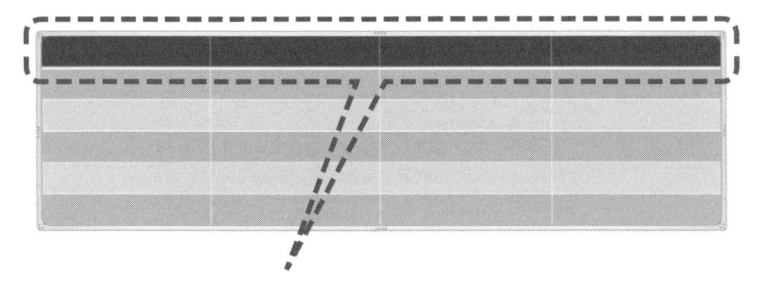

文字を入力したい行を範囲指定します．

13.2 表に文字を入力してみよう！

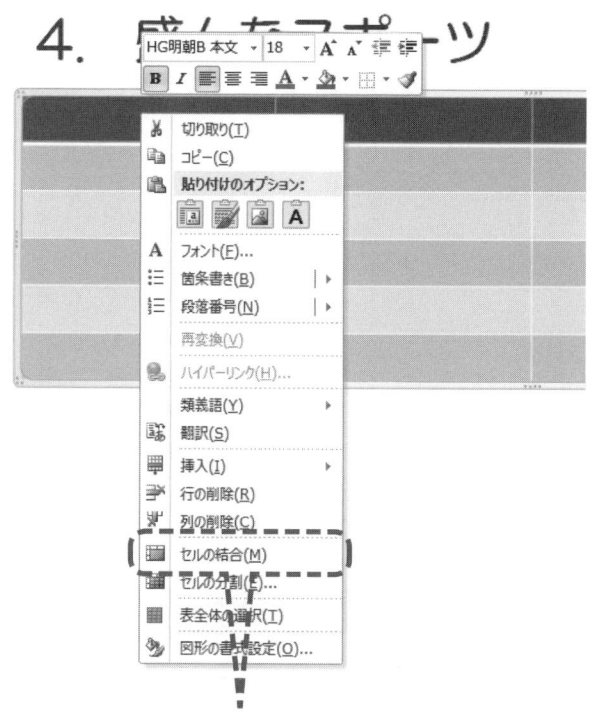

右クリックし，「セルの結合」をクリックします．

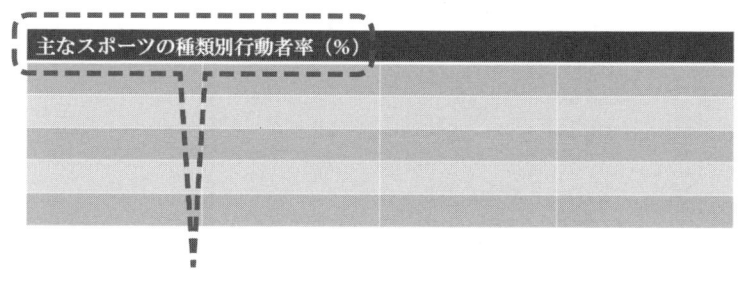

セルが結合され，行全体に文字を入力することができるようになります．

13. スライドに表を入れてみよう！

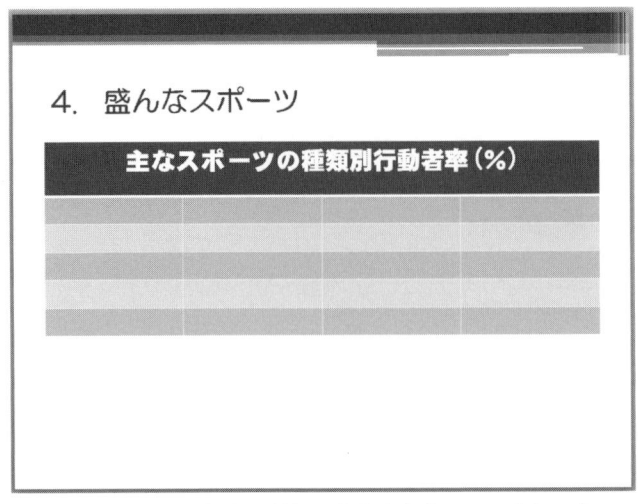

4. 盛んなスポーツ
主なスポーツの種類別行動者率(%)

12.4節を参考に，文字の種類・大きさを変えてみましょう．

4. 盛んなスポーツ
主なスポーツの種類別行動者率(%)

	総　数	男　性	女　性
ウォーキング・軽い体操	34.9	30.6	39.0
ボウリング	18.6	21.0	16.3
水　泳	13.8	14.9	12.8
器具を使ったトレーニング	11.2	11.9	10.7

残りの文字を入力し，上のように形を整えてみましょう．

13.3 表をアレンジしてみよう！

「表ツール」の「デザイン」から表のスタイルを選択します．

（例）

主なスポーツの種類別行動者率（％）			
	総数	男性	女性
ウォーキング・軽い体操	34.9	30.6	39.0
ボウリング	18.6	21.0	16.3
水泳	13.8	14.9	12.8
器具を使ったトレーニング	11.2	11.9	10.7

「スタイル（中間）3」を選択

主なスポーツの種類別行動者率（％）			
	総数	男性	女性
ウォーキング・軽い体操	34.9	30.6	39.0
ボウリング	18.6	21.0	16.3
水泳	13.8	14.9	12.8
器具を使ったトレーニング	11.2	11.9	10.7

13. スライドに表を入れてみよう！

⚠ 注意
表のスタイルを変更すると，文字の体裁が変わってしまいます．
また，表中の数字は見やすいフォント（「Century」など）を選びましょう．

●色の変更

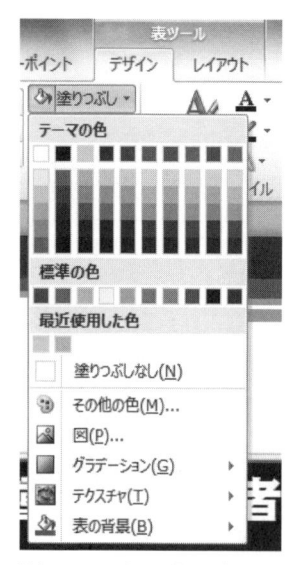

「表ツール」の「デザイン」から「塗りつぶし」を選択し，選択した部分の表の色を変えることができます．

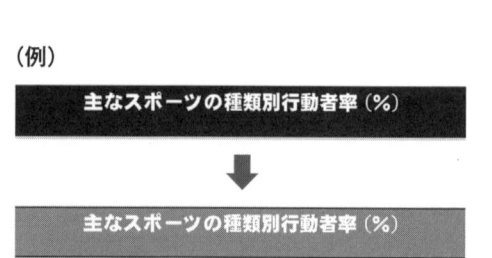

（例）

13.3 表をアレンジしてみよう！

●表の効果

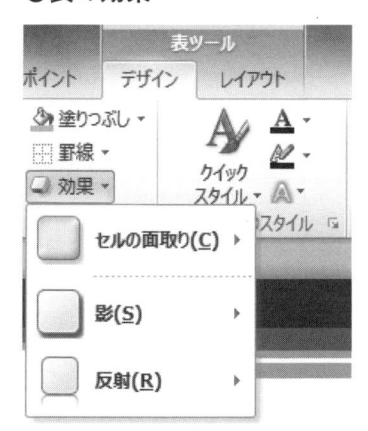

「表ツール」の「デザイン」から「効果」を選択し，表に効果を入れることができます。

（例）

●クイックスタイル

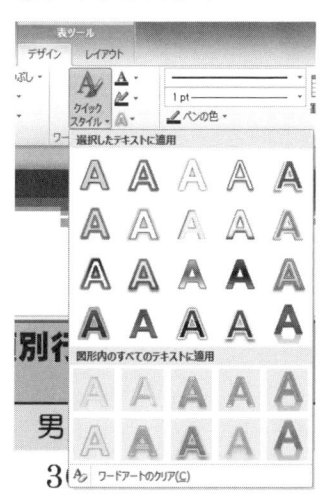

「表ツール」の「デザイン」から「クイックスタイル」を選択し，表中の文字に効果を入れることができます。

（例）

14 いろいろな機能を試してみよう

Presentation

◆学習のポイント
・音楽・効果音の挿入　・ビデオの挿入　・リハーサル機能

14.1 音楽・効果音を挿入してみよう！

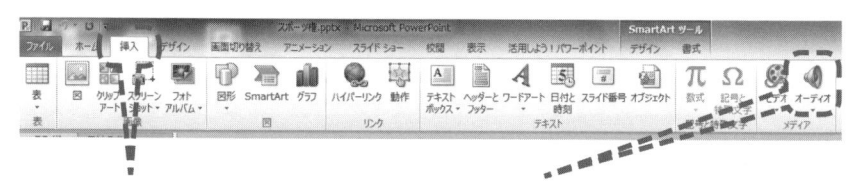

「挿入」タブから「オーディオ」をクリックします．

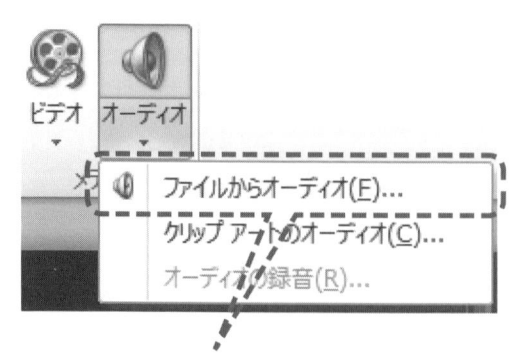

「ファイルからオーディオ」を選択．

14.1 音楽・効果音を挿入してみよう！

あらかじめファイルに保存しておいた音声ファイルを選択します．

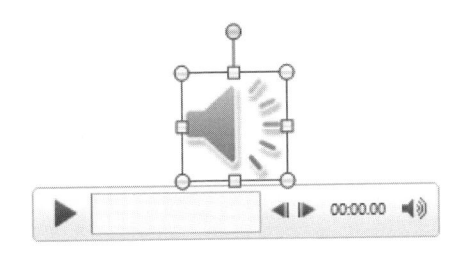

スライド上にこのようなマークが挿入されます．このマークをクリックすると「オーディオツール」のタブが開き，詳細な設定をすることができます．

14. いろいろな機能を試してみよう！

●音量の調節

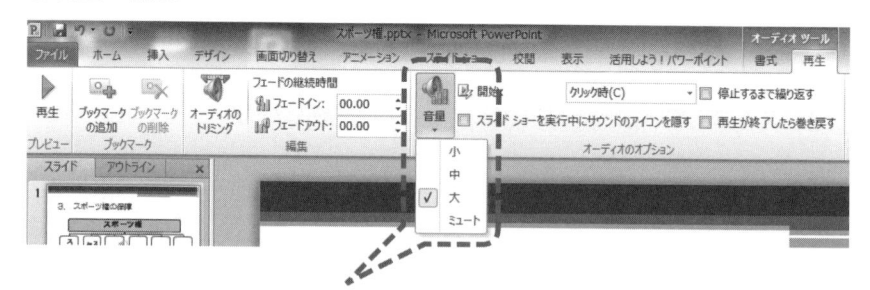

「オーディオツール」の「再生」タブから「音量」で音量の調節をすることができます．

●再生方法の設定

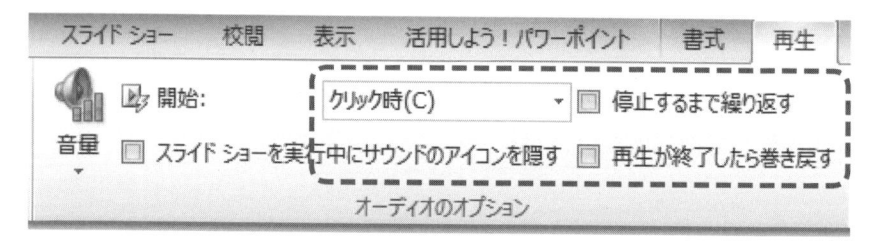

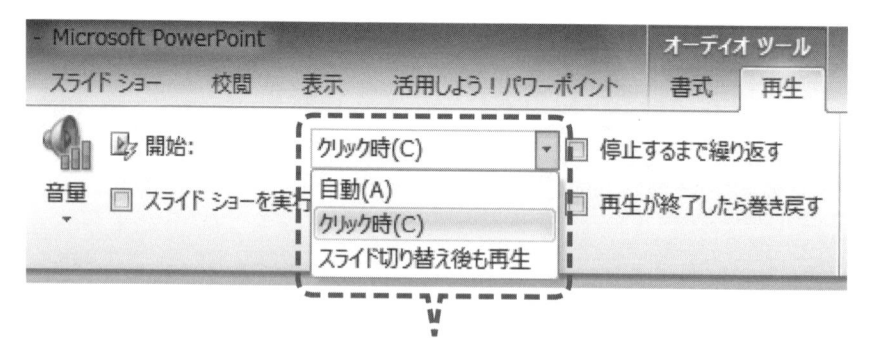

上の画面で，オーディオの繰り返しや開始タイミングなどを設定することができます．

14.1 音楽・効果音を挿入してみよう！

●オーディオのクリップアート

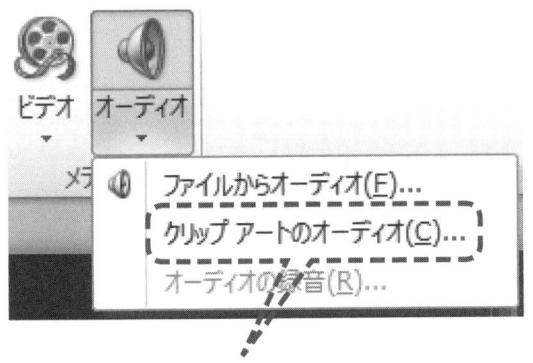

「挿入」タブの「オーディオ」から「クリップアートのオーディオ」を選択します．

「クリップアート」から効果音などを選択することができます．
選択したあとは，前と同様に「オーディオツール」で編集することができます．

14. いろいろな機能を試してみよう！

14.2 ビデオを挿入してみよう！

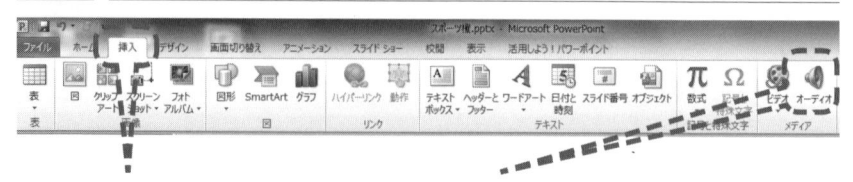

「挿入」タブから「ビデオ」をクリックします．

「ファイルからビデオ」を選択．

あらかじめファイルに保存しておいたビデオを選択します．

― 148 ―

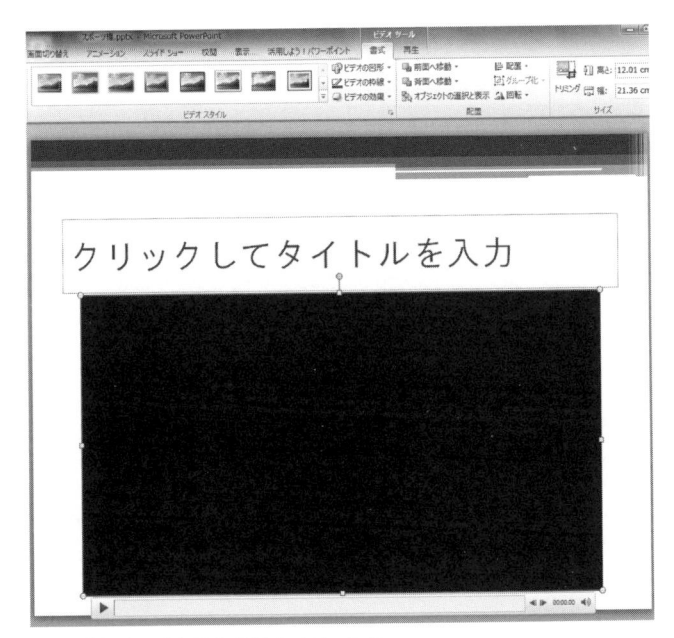

14.2 ビデオを挿入してみよう！

スライド上にビデオが挿入されます．
ビデオをクリックすると「ビデオツール」のタブが開き，
詳細な設定をすることができます．

●音量の調節

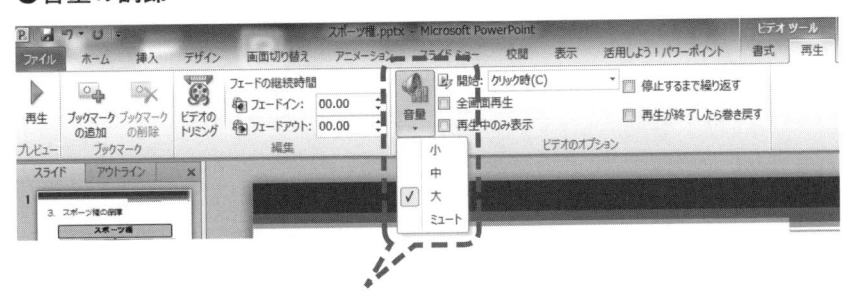

スライド上にビデオが挿入されます．ビデオをクリックすると「ビデオツール」の
タブが開き，詳細な設定をすることができます．

14. いろいろな機能を試してみよう！

●再生方法の設定

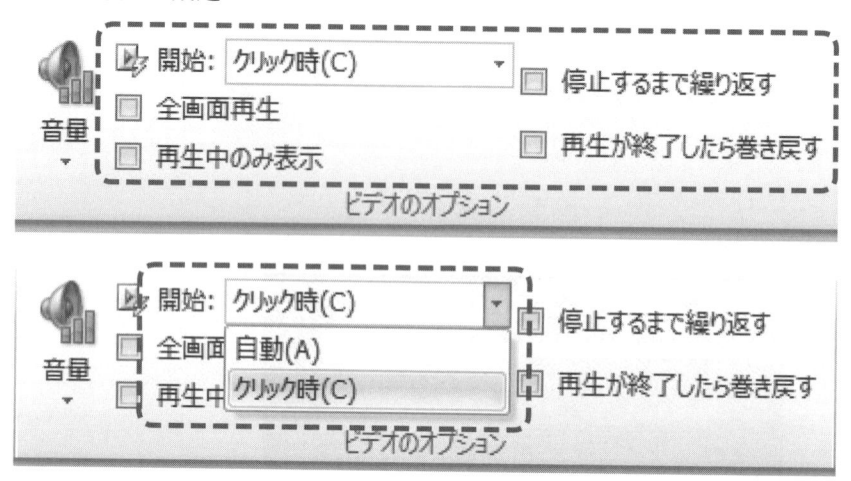

上の画面で，ビデオの繰り返しや開始タイミングなどを設定することができます．

●ビデオのクリップアート

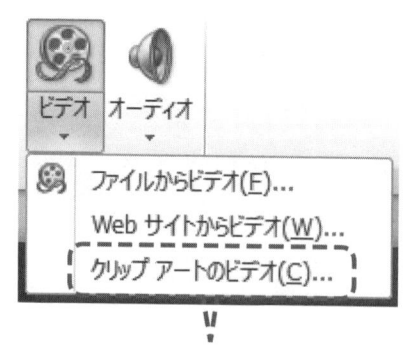

「挿入」タブの「ビデオ」から
「クリップアートのビデオ」を選択します．

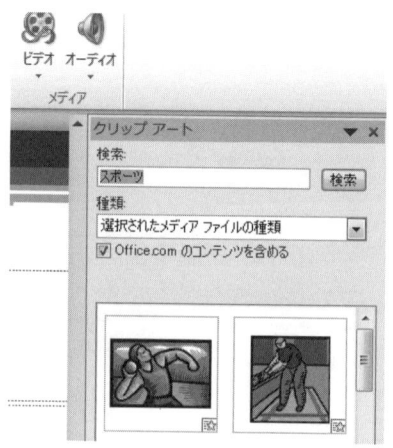

「クリップアート」からビデオを選択することができます．選択したあとは，前と同様に「ビデオツール」で編集することができます．

14.3 リハーサル機能を使ってみよう！

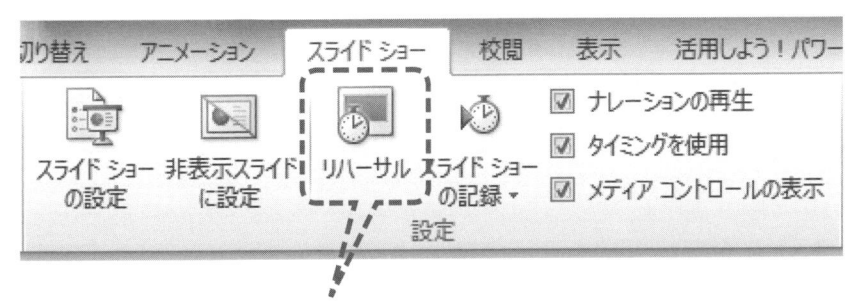

「スライドショー」タブから「リハーサル」を選択．

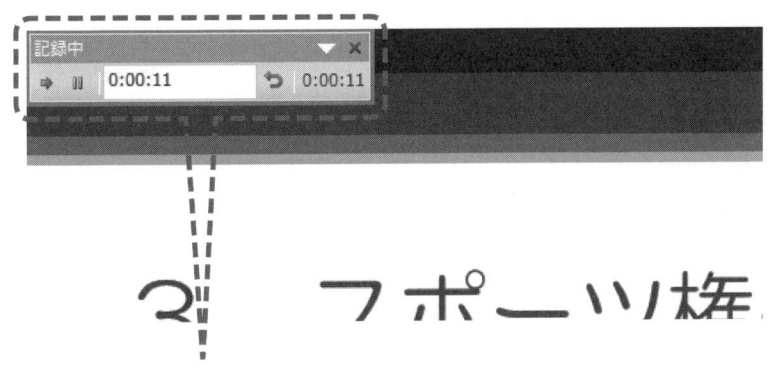

時間を計ってくれるので，わざわざ時計を準備しなくても
リハーサルができます．

14. いろいろな機能を試してみよう！

●その他の機能

「挿入」タブの下記の機能を使うことで，
スライドに付加情報を入れたりすることができます．

・ヘッダーとフッター：　スライドのヘッダー・フッターに情報を入れることが
　できます．
・日付と時刻：　スライドを作成した日時を表示させることができます．
・スライド番号：　そのスライドが何番目かを表示させることができます．

おわりに

　皆さんが本書で得た知識や操作法は在学中の発表，卒業論文研究はもとより，今後社会人になった際に大変役立つばかりでなく，ビジネスパーソンとして必須となります．頑張って挑戦して下さい．期待しています．

索　引

ア　行

AIDMA（アイドマ）の法則　24
アニメーション　89

色　84
　——の変更　142

オーディオ　144

カ　行

画像の明るさとコントラスト　84
画像を編集　77
画面切り替え　87

クイックスタイル　143
クリップアート　73

効果音　144

サ　行

写真　75

図形の効果　133
図形のスタイル　133
図形の挿入　56
図の編集　119
SmartArt グラフィック　110
スライドを再生　88
スライド番号　152

線の色　116

タ　行

ターゲティング　23
縦書き　122
段落のスタイル　68
段落番号　67

デザインの変更　63

ナ　行

20：80 の法則　22

ハ　行

背景　103
　——の色　102
PowerPoint の画面構成　51

日付と時刻　152
ビデオ　148
表の効果　143
表の挿入　136

ファイルの保存　58
フォント設定　102
ブランド　25
プレゼンテーションの定義　1
プロモーション　19

ペーシング　15
ヘッダーとフッター　152

ポスターセッション　27
ボックスの色　129

マ　行

マーケティング　20

メラビアンの法則　8

文字の色　97, 124

文字の大きさ　100, 125
文字の効果　134

ラ　行

リハーサル　151

ワ　行

ワードアート　134

著者略歴

柴岡信一郎（しばおかしんいちろう）

- 1977年　東京都生まれ
- 2005年　日本大学大学院芸術学研究科博士後期課程修了
- 現　在　学校法人タイケン学園副理事長・大学設置準備室長
　　　　　博士（芸術学）
- 著　書　『報道写真と対外宣伝―15年戦争期の写真界』，日本経済評論社
　　　　　『メディア・リテラシー』，静岡学術出版（共著）
　　　　　『スポーツビジネス教本2009』，タイケン
　　　　　『足尾銅山の郷―生きている近代産業遺産』，日本地域社会研究所
　　　　　ほか

渋井二三男（しぶいふみお）

- 1946年　東京都生まれ
- 1995年　明治大学大学院理工学研究科博士後期課程修了
　　　　　東京大学生産技術研究所研究生，沖電気工業株式会社，
　　　　　NTT武蔵野電気通信研究所（出向），
　　　　　放送大学メディア教育開発センター研究員（兼務）を経て
- 現　在　城西短期大学教授，城西大学現代政策学部兼担
　　　　　工学博士

プレゼンテーション概論
――実践と活用のために――

定価はカバーに表示

2012年 4 月10日　初版第 1 刷
2018年12月20日　　　第 3 刷

著　者	柴　岡　信　一　郎
	渋　井　二　三　男
発行者	朝　倉　邦　造
発行所	株式会社　朝　倉　書　店

東京都新宿区新小川町6-29
郵便番号　162-8707
電　話　03(3260)0141
ＦＡＸ　03(3260)0180
http://www.asakura.co.jp

〈検印省略〉

© 2012〈無断複写・転載を禁ず〉

中央印刷・渡辺製本

ISBN 978-4-254-10257-4　C 3040　　Printed in Japan

JCOPY　〈(社)出版者著作権管理機構　委託出版物〉

本書の無断複写は著作権法上での例外を除き禁じられています．複写される場合は，そのつど事前に，(社)出版者著作権管理機構（電話 03-3513-6969，FAX 03-3513-6979, e-mail: info@jcopy.or.jp）の許諾を得てください．

前岡山大 塚本真也・高橋志織著

学生のための プレゼン上達の方法
—トレーニングとビジュアル化—

10261-1 C3040　　A5判 164頁 本体2300円

プレゼンテーションを効果的に行うためのポイント・練習法をたくさんの写真や具体例を用いてわかりやすく解説。〔内容〕話すスピード／アイコンタクト／ジェスチャー／原稿作成／ツール／ビジュアル化・デザインなど

核融合科学研 廣岡慶彦著

理科系のための 入門英語プレゼンテーション
〔CD付改訂版〕

10250-5 C3040　　A5判 136頁 本体2600円

著者の体験に基づく豊富な実例を用いてプレゼン英語を初歩から解説する入門編。ネイティブスピーカー音読のCDを付してパワーアップ。〔内容〕予備知識／準備と実践／質疑応答／国際会議出席に関連した英語／付録(予備練習)／重要表現他

核融合科学研 廣岡慶彦著

理科系のための 実戦英語プレゼンテーション
〔CD付改訂版〕

10265-9 C3040　　A5判 136頁 本体2800円

豊富な実例を駆使してプレゼン英語を解説。質問に答えられないときの切り抜け方など、とっておきのコツを伝授。音読CD付〔内容〕心構え／発表のアウトライン／研究背景・動機の説明／研究方法の説明／結果と考察／質疑応答／重要表現

前筑波大 海保博之監修　創造開発研 高橋 誠編

朝倉実践心理学講座4
発想と企画の心理学

52684-4 C3311　　A5判 208頁 本体3400円

現代社会の多様な分野で求められている創造技法を解説。〔内容〕I. 発想のメカニズムとシステム(大脳・問題解決手順・観察・セレンディピティ)／II. 企画のメソッドと心理学(集団心理学・評価・文章心理学・説得・創造支援システム)

前筑波大 海保博之監修・編

朝倉実践心理学講座5
わかりやすさとコミュニケーションの心理学

52685-1 C3311　　A5判 192頁 本体3400円

現代社会のコミュニケーションに求められている「わかりやすさ」について、その心理学的基礎を解説し、実践技法を紹介する。〔内容〕I.心理学的基礎／II.実践的な心理技法；文書、音声・視覚プレゼンテーション、対面、電子メディア

前筑波大 海保博之監修　金沢工大 神宮英夫編

朝倉実践心理学講座10
感動と商品開発の心理学

52690-5 C3311　　A5判 208頁 本体3600円

感情や情緒に注目したヒューマン・センタードの商品開発アプローチを紹介。〔内容〕I. 計測(生理機能、脳機能、官能評価)、II. 方法(五感の総合、香り、コンセプト、臨場感、作り手)、III. 事例(食品、化粧、飲料、発想支援)

前阪教大 中西一弘編

新版 やさしい文章表現法

51032-4 C3081　　A5判 232頁 本体2600円

文章をいかに適切に書けるかは日常的な課題である。多くの例を掲げ親しみやすく説いた、文章表現法の解説・実践の手引き。〔内容〕気楽にちょっと／短い文章(二百字作文)を書いてみよう／書く生活を広げて／やや長い文章を書いてみよう／他

名工大 山本いずみ・筑波大 白井聡子編著

ビジネスへの日本語
—これから社会へ飛びたつ君たちへ—

51040-9 C3081　　A5判 160頁 本体2400円

企業や地域社会、そのほかさまざまなビジネスの現場で活躍するために、日本語学や専門分野の学問的知識だけでなく、生活の常識、知識を踏まえた日本語コミュニケーション能力の向上を図る、これから社会に出る学生のためのテキスト。

京大 定延利之編著　帝塚山大 森 篤嗣・熊本大 茂木俊伸・民博 金田純平著

私たちの日本語

51041-6 C3081　　A5判 160頁 本体2300円

意外なまでに身近に潜む、日本語学の今日的な研究テーマを楽しむ入門テキスト。街中の看板や、量販店のテーマソングなど、どこにでもある事例を引き合いにして、日本語や日本社会の特徴からコーパスなど最新の研究まで解説を試みる。

前早大 細川英雄・早大 舘岡洋子・早大 小林ミナ編著
日本語ライブラリー

プロセスで学ぶ レポート・ライティング
—アイデアから完成まで—

51525-1 C3381　　A5判 200頁 本体2800円

学生・社会人がレポートや報告書を作成するための手引きとなるテキスト。ディスカッションによりレポートのブラッシュアップを行っていく過程を示す【体験編】、その実例を具体的にわかりやすく解説し、理解をする【執筆編】の二部構成。

上記価格(税別)は2018年11月現在